古典文獻研究輯刊

六 編

潘美月・杜潔祥 主編

第 26 冊

邵晉涵之文獻學探究

林 良 如 著

國家圖書館出版品預行編目資料

邵晉涵之文獻學探究／林良如 著 — 初版 — 台北縣永和市：花
木蘭文化出版社，2008〔民97〕

目 2+150 面；19×26 公分
（古典文獻研究輯刊 六編：第 26 冊）

ISBN：978-986-6657-24-5（精裝）
1.（清）邵晉涵　2.學術思想　3.文獻學　4.研究考訂
011　　　　　　　　　　　　　　　　　　　97001086

ISBN 978-986-6657-24-5

9 789866 657245

古典文獻研究輯刊
六 編　第二六冊　　　　　　　ISBN：978-986-6657-24-5

邵晉涵之文獻學探究

作　　者　林良如
主　　編　潘美月　杜潔祥
企劃出版　北京大學文化資源研究中心
出　　版　花木蘭文化出版社
發 行 所　花木蘭文化出版社
發 行 人　高小娟
聯絡地址　台北縣永和市中正路五九五號七樓之三
　　　　　電話：02-2923-1455／傳真：02-2923-1452
電子信箱　sut81518@ms59.hinet.net
初　　版　2008 年 3 月
定　　價　六編 30 冊（精裝）新台幣 46,500 元　　　版權所有・請勿翻印

邵晉涵之文獻學探究

林良如　著

作者簡介

姓名：林良如

籍貫：台灣省台中縣

生日：西元 1977 年 10 月 16 日。

學歷：國立中興大學中國文學系、國立台灣師範大學國文研究所碩士班畢業

經歷：彰化縣私立正德高中國文科專任教師（93.8-96.7）

現職：國立宜蘭頭城家商國文科專任教師

作品：1.《詩經‧伐檀》詩旨探析（《孔孟月刊》四十二卷三期）

　　　2.從《周易》探索武王伐紂前的商、周關係（《中國文化月刊》二九七期）

　　　3.《詩經》「予小子」試釋（《彰商學報》第十五期）

　　　4.林爽文事件之起因與其亂事擴大的因素探討（《台灣人文》第八號）

提　　要

　　邵晉涵是乾嘉時期著名的文獻學家，一生著作甚夥，幾乎都在為整理古代之典籍文獻而努力貢獻，屬於傳注學的有《爾雅正義》、《孟子述義》、《穀梁古注》、《儀禮箋》；輯佚學有《舊五代史》、《九國志》等；目錄學作品有四庫提要；金石學有《續通志‧金石略》、《方輿金石編目》；編纂學有《南都事略》、《宋志》等。在他逝世後，門人子弟整理遺稿，刊行的有《南江札記》、《南江文鈔》、《南江詩鈔》。由此可見其一生著述之豐富，遍及文獻學各領域。因此本文以文獻學為研究範疇，探討邵晉涵在文獻學之成就與貢獻。略述如後：

　　第一章「緒論」，先述本文之研究動機，接著定義文獻學之範圍，將邵晉涵之一生學術活動分類，歸於文獻學各學科之下，然後將目前學術界對邵晉涵之研究概況作一檢討與回顧。

　　第二章「邵晉涵之生平」，下分六節。按照時代順序，先列敘邵晉涵之家世，自小耳濡目染家族書香傳家的良好傳統，祖父的嚴格督促養成他厚實的學問基礎。明瞭其家世影響後，則將邵晉涵之中舉、仕進，出入四庫館、三通館，所作文獻整理工作之經過情形作一論述。

　　第三章「乾嘉學術與浙東學術對邵晉涵之影響」，下分二節。分別論析邵晉涵所處的乾嘉時代，及其家鄉浙東學風對其治學方法、學術成就所起之影響。

　　第四章「邵晉涵之傳注學」，下分三節。先考述邵晉涵的群經注疏及其存佚情形。因只有《爾雅正義》留存後世。所以根據此書探討其傳注學之成就，注疏之緣起、體例之創新，成為清代以後研究《爾雅》學者，一致尊循的主要研究方向，因此邵晉涵啟關後學之功績最大。

　　第五章「邵晉涵之輯佚學」，下分三節。先述邵晉涵從事輯佚工作之概況及其所輯佚書之情形。在他的輯作中，以輯出《舊五代史》影響最大，至今仍為研究五代史事之基本參考書籍。

　　第六章「邵晉涵之目錄學」，下分三節。先比較邵晉涵原纂提要與現今通行《總目提要》之異同。再分析邵晉涵所撰四庫提要之史書編纂思想與目錄學之成就

　　第七章「邵晉涵之金石學」，分析邵晉涵編纂《續通志‧金石略》之體例與成就。

　　第八章「邵晉涵之編纂學」，下分兩節。分析邵晉涵之《宋史》編纂宗旨及其考證史料之價值。接著分析邵晉涵之官方文獻編纂學，包括他參與編纂的《八旗通志》、《國史》、《起居注冊》、《萬壽盛典》。

　　第九章「邵晉涵在文獻學上之貢獻」，下分五節。本章根據第四到第八章所分析的邵晉涵之文獻學活動，分別論述他在傳注學、輯佚學、目錄學、金石學、編纂學上之貢獻。

　　第十章「結論」，總結全文之研究成果。

目

次

第一章 緒 論

第一節 研究動機

　　邵晉涵是清乾隆時期的一位著名學者，「以懿文碩學，知名海內。〔註1〕「經學、史學，竝冠一時。」〔註2〕青少年時期，他專心在讀書、仕進，從二十九歲會試中第至五十四歲過世，這漫長的二十五年中，或在中央，或為幕賓，或丁憂家居，他一直都致力於中國古典文獻的整理與研究。因為邵晉涵長時期位居翰林，出入四庫館、國史館、三通館；其為官又以廉正自許，在京任官期間，「教授生徒以自給」，〔註3〕弟子前後著錄者有數百人。官方的應酬，教學的工作，佔去他人生大半的時間，再加上邵晉涵僅得中壽，因此許多學術上的理想與著述計劃都來不及完成。〔註4〕嘉慶元年（1796），邵晉涵歿後，章學誠嘆息說：「自斯人不祿，而浙東文獻盡矣！」〔註5〕黃雲眉更慨歎：「自先生之歿，去今僅百餘年，而其姓名事蹟，乃不為學術界所熟聞；其著述亦幾與浙東文獻同歸漸沒。」〔註6〕這一位乾隆時期的經史巨擘，身後卻聲名寂寥，至今除了民國二十一年（1932），黃雲眉為撰年譜之外，相關之研究文章寥若

〔註1〕 錢大昕《潛研堂文集・日講起居注官翰林院侍講學士邵君墓誌銘》（上海：商務印書館，1936年7月），頁686。
〔註2〕 阮元〈南江邵氏遺書序〉，見《南江文鈔》（上海：上海古籍出版社，1995年）卷首。
〔註3〕 江藩《漢學師承記》（台北：明文書局，1985年）卷6，頁9。
〔註4〕 章學誠《章氏遺書》〈邵與桐別傳〉（台北：漢聲出版社，1973年1月）卷16，頁8。說邵晉涵：「才高嗜博，官程私課，分功固多。晚年日月益促，又體羸善病，人事蹉跎其間，遂致美志不就，淹忽下世。」
〔註5〕 同註4，卷13，頁42〈與胡雒君論校胡穉威集二簡〉。
〔註6〕 黃雲眉《清邵二雲先生晉涵年譜》（台北：台灣商務印書館，1982年5月），頁5〈自序〉。

晨星，與其生前顯赫之學術地位實不相侔。雖然邵晉涵有一些著作尚未完成，但是在他生前刊刻的《爾雅正義》已足以令其不朽；〔註7〕主持裒輯的《舊五代史》，從乾隆時就被列入正史，至今仍是研究五代史事的基本書籍。有鑑於相關的研究領域，仍然尚未完全開拓，因此，本論文擬對邵晉涵之文獻學作一比較全面而深入的探究。雖不揣譾陋，或不能盡發邵晉涵文獻學之奧博，但願能爲邵氏之研究，盡一份心力。

第二節　研究範圍

　　文獻，是人類社會進入文明時代的產物，記錄人類活動的全部歷史和經驗，並隨著人類文明的進步而不斷發展。因此，「文獻」一詞的內涵不斷地擴大。從商周時代的甲骨文、金文算起，中國歷史文獻已有三千多年的發展歷史。「文獻」二字連用最早出現在《論語‧八佾》：「夏禮，吾能言之，杞不足徵也；殷禮，吾能言之，宋不足徵也。文獻不足故也。足，則吾能徵之矣。」〔註8〕

　　我國古典文獻之由來，具有極爲悠久的歷史，對這些文獻進行研究和整理，從而形成一門學問，就是文獻學。張舜徽進一步概括中國古代傳統文獻工作：〔註9〕

　　　　對那些保存下來的和已經發現了的圖書、資料（包括甲骨、金石、竹簡、帛書），進行整理、編纂、注釋工作。使雜亂的資料條理化、系統化；古奧的文字通俗化、明朗化。並且進一步去粗取精，去僞存眞，條別源流，甄論得失，替研究工作者們提供方便、節省時間，在研究、整理歷史文獻方面，作出有益的貢獻，這是文獻學的基本要求和任務。

由於從事文獻研究、整理工作時，需要運用的方法，牽涉甚夥，因此整理文獻必須具備許多基本知識。所以在文獻學之基礎上，發展出各種學科門類，皆屬於文獻學之內涵，包括：甲骨文學、金石學、〔註10〕目錄學、版本學、校勘學、辨僞學、輯佚學、編纂學、〔註11〕傳注學、〔註12〕考異學、〔註13〕方志學。〔註14〕

〔註7〕同註4，卷9，頁17〈與邵二雲論學〉：「足下《爾雅正義》，功賅而力勤，識清而裁密，僕謂是亦足不朽矣。」

〔註8〕何晏注、邢昺疏《論語注疏》（台北：藝文印書館，1997年8月）卷3，頁5。

〔註9〕張舜徽《中國文獻學》（台北：木鐸出版社，1983年），頁4。

〔註10〕甲骨文與金石是古代記錄文獻的載體，因此考釋刻在甲骨、金石上之文字，並加以研究整理，形成甲骨文學、金石學，皆屬於文獻學的範疇之一。

〔註11〕洪湛侯《文獻學》（台北：藝文印書館，1996年）第二編。目錄、版本、校勘、辨僞、輯佚、編纂六門學科是整理古代文獻的方法。

〔註12〕楊燕起、高國抗主編《中國歷史文獻學》（北京：北京圖書館出版社，1997年12月），頁217。將注疏學列入古代整理文獻的方法學科之一。古人傳注的名稱有注、疏、

在傳統的學術類別中，有稱經學家、史學家、目錄學家、校勘學家，彼此之間似乎是不相通的。然而有許多學者治學範圍非常廣泛，不能將其局於一隅。例如邵晉涵的著述範圍有群經之注疏、史書之輯佚、目錄提要之撰寫、方志與金石之編纂，任舉其一端，皆不能全面涵蓋其對學術之貢獻。然而邵晉涵一生所從事之學術活動，實已全部包括在文獻學之範疇下，如果將他歸類為文獻學家，那就概括無遺了。所以本文擬以文獻學為研究主軸，探討邵晉涵整理文獻典籍之成果，冀望能對其學術有比較全面性的研究。

第三節　文獻檢討

　　邵晉涵的相關研究，截至目前為止，並無專著問世，是以有關研究多散見在書籍內之單篇、期刊文章中。這些相關篇章，或討論邵晉涵某一方面之成就，或對其學術作一提要鉤玄之綜論。研究焦點大多集中在經學、史學，邵晉涵的方志學、金石學、編纂學卻很少論及，以文獻學為研究範圍，對邵晉涵學術作一全面探究的，也寥寥無幾。因此在對邵晉涵之文獻學展開研究之前，吾人先將前人之研究成果作一回顧與檢討，以明相關研究之尚待後人開關。

　　生平事蹟方面，有邵晉涵生前幾個好友所作的墓誌銘、家傳、書序，是研究他生平傳記的第一手資料。如：錢大昕〈日講起居注官翰林院侍講學士邵君墓誌銘〉、章學誠〈邵與桐別傳〉、王昶〈翰林院侍講學士充國史館提調官邵君晉涵墓表〉、洪亮吉〈邵學士家傳〉、阮元〈南江邵氏遺書序〉。民國二十一年（1932）黃雲眉撰寫《清邵二雲先生晉涵年譜》對其生平有比較詳盡介紹，是本文研究之重要參考書籍。

　　專門探討邵晉涵某一方面之成就，在《爾雅》方面有盧國屏《清代爾雅學》、雲維莉〈爾雅正義與爾雅義疏之比較研究〉；《舊五代史》方面有陳垣《舊五代史輯本發覆》、陳尚君〈清輯舊五代史評議〉、陳智超〈舊五代史輯本之檢討與重新

　　補注、集解、正義等，這是為了避免彼此重複，產生誤會，也是為了稱說和引用的方便，其體例則大同小異，並沒有很大區別。

〔註13〕考異是指作者把注解引入史書編纂過程，說明材料去取的情況，並作考證，稱為自注。這種方法多運用在整理歷史文獻上，例如：司馬光的《資治通鑑考異》就是考異學的第一部專書。

〔註14〕方志屬於地方的歷史文獻，以行政區域為單位，記載該地區的地理、建置、人口、賦稅、物產、古蹟、風俗、人物等，是研究一地之沿革、天文、地理、水利、財經、建築，所不可或缺的重要文獻資料。因此方志學亦屬文獻學科之一種。

整理之構想〉;《宋史》方面有羅炳良〈邵晉涵對宋史研究的重要貢獻〉、張秀平和羅炳良〈邵晉涵與宋史研究〉、朱依群〈初探邵晉涵編修《宋史》的宗旨〉。

對邵晉涵一生學術作論述之書籍單篇有:南炳文《中國史學家評傳(中)》、張舜徽《中國史學家傳》與《清儒學記》、何茲全和趙儷生的《中國古代史學人物》、張捷夫《清代人物傳稿上編第 10 卷》、倉修良《史家・史籍・史學》、梅季《古代學者百人傳》、管敏義《浙東學術史》、丁國順和王鳳賢的《浙東學派研究》。期刊類有杜維運〈邵晉涵之史學〉、羅炳良〈邵晉涵在歷史編纂學理論上的貢獻〉、朱依群〈秉公筆、存直道、史以紀實——淺論邵晉涵的史學思想〉、楊緒敏〈邵晉涵與歷史文獻的整理及研究〉、羅炳良與朱鐘頤〈邵晉涵學術述論〉。

上述相關之資料,生平傳記部分,因爲與邵晉涵時代重疊相近,內容最爲詳實可信,是研究其生平學術活動最佳的材料。黃雲眉《清邵二雲先生晉涵年譜》對邵晉涵生平有詳盡介紹,爲本論文之研究,提供許多資料上之便利。

在單科研究方面,〈爾雅正義與爾雅義疏之比較研究〉、《清代爾雅學》能分析《爾雅正義》之體例、得失、評價、貢獻,是現今邵晉涵學術內容中,研究成果最好的部分。《舊五代史輯本發覆》、〈清輯舊五代史評議〉和〈舊五代史輯本之檢討與重新整理之構想〉著重在檢討《舊五代史》輯本的缺失,並未涉及輯佚《舊五代史》的緣起、經過、方法、考異成果。〈邵晉涵對宋史研究的重要貢獻〉、〈邵晉涵與宋史研究〉、〈初探邵晉涵編修《宋史》的宗旨〉三文,探討重修《宋史》的經過、宗旨、史料價值,也是開發較多之部分。

以期刊及書籍專章形式出現的研究單篇,大多敘述邵晉涵在《爾雅》、《舊五代史》、《宋史》和四庫提要方面的成績,只作廣泛性的論述,並沒有深入探討邵晉涵輯佚的方法、考異的成就、著述的宗旨、及其在目錄學上的價值。

邵晉涵之經、史成就是最爲人所熟知的,後人的研究也都集中於此,但是這兩方面的研究卻又缺乏深入性。在經、史之外,邵晉涵的金石學、方志學、編纂學,則鮮少被提及,即使有所敘述,也往往三言兩語帶過,這是對邵晉涵研究仍然不足之處。

第四節　研究步驟

一個人之學術路程與成就,往往受其家教、生平際遇之影響。邵晉涵生長在書香門第家庭,祖、父、母對他的教育,奠定他日後的學術基礎,其學術成就實深受家教的影響。成進士之後,一生出入四庫館、國史館、三通館,或編校四庫全書,

或預修國史，令其有機會遍覽秘籍要典，益增其內涵與見聞。生當乾嘉考據學最盛的時代，考據學的思想、方法，對其不無影響。然而影響邵晉涵治學方法最重要的，是家鄉的浙東學風。所以本文首先探討邵晉涵之家世淵源與生平，接著述論乾嘉學術與浙東學術對其治學途徑所起的影響。

在瞭解邵晉涵之生平際遇與時代背景的影響後，將邵晉涵一生之著述及其學術活動作歸納總結，分列於文獻學下之各門學科，再從傳注學、輯佚學、目錄學、金石學、方志學、編纂學的角度，探討邵晉涵之文獻學成就與貢獻。如：

一、注疏學

邵晉涵重新疏釋《爾雅》，爲《孟子》、《穀梁》、《儀禮》作箋注，著有《爾雅正義》、《孟子述義》、《穀梁古注》、《儀禮箋》。然而邵晉涵之注疏學著作除了《爾雅正義》外，其餘都已亡佚，因此研究其注疏學成就，只能以《爾雅正義》爲主要材料。

二、輯佚學

邵晉涵的輯佚學著作，大多完成於四庫館中，他根據《永樂大典》輯出了《舊五代史》、《洪範口義》、《洪範統一》、《兩朝綱目備要》、《性情集》、《臨安集》、《九國志》、《東南紀聞》等書。其中又以《舊五代史》輯本最爲重要，影響後世之五代史研究甚深，因此邵晉涵之輯佚學，以《舊五代史》爲研究主軸，探究其輯佚之方法、成就。

三、目錄學

邵晉涵的目錄學著作，主要是他在四庫館所纂的史部提要。邵晉涵是當時四庫館的重要成員，他負責撰寫的提要雖遍及四部，然而以史部提要影響最大，二雲考察史書之流變、版本、存佚、得失等，對史部目錄學有重要貢獻。

四、金石學

邵晉涵的金石學著作，有《續通志‧金石略》和《方輿金石編目》。《方輿金石編目》已經亡佚，無由考其得失。《續通志‧金石略》四卷，是邵晉涵在三通館期間所編纂，接續鄭《志》，記錄五代迄明之金石資料，又補充唐代以前鄭《志》遺漏未錄之碑刻，保存歷代散佚金石。

五、方志學

邵晉涵參與的修志活動，有其助纂的乾隆《餘姚縣志》、主修的乾隆《杭州府志》。

邵晉涵曾經擔任《餘姚縣志》之協纂，並撰有〈學校官田考〉，然其書已不可尋，邵晉涵之修書貢獻，也無法得知。乾隆《杭州府志》爲邵晉涵所主持纂修，其書尚存，爲本論文研究其方志學之主要資料。

六、編纂學

邵晉涵鑒於元修《宋史》之史料闕漏、記載誤謬，而且體例粗略、褒貶失當，因此著手重修《宋史》，纂成《南都事略》，《宋志》則尚未卒業。又應畢沅之邀，修訂《續資治通鑑》。在朝爲官期間，又奉詔編纂官書，如：《八旗通志》、國史、《起居注冊》、《萬壽盛典》。

邵晉涵在編修撰寫前述著作之時，又運用了考異、聲韻、版本、校勘等文獻學知識，在相關章節將一併討論。

本論文之研究資料，主要根據邵晉涵所著之《爾雅正義》、《舊五代史考異》、《南江文鈔》、《續通志·金石略》、《杭州府志》等，論析其著述之緣起、方法、成就、評價、影響。至於尚未成書的《宋志》，則尋繹其存留在《南江札記》之考訂札記，分析其史料價值。其他如：參與編纂《八旗通志》、預修國史、撰述《方輿金石編目》等，只在錢大昕、章學誠、王昶、洪亮吉所撰之墓誌銘、家傳中，留下隻言片語的記載，受限於資料之不足，實無法窺其全豹，只能識於相關篇章之中，以求能比較完整地勾勒出這位文獻學大師的學術全貌。

第二章　邵晉涵之生平

　　邵晉涵，字與桐，號二雲，浙江餘姚人，因《禹貢》三江中的南江從餘姚入海，於是又自號南江。生於清乾隆八年（1743），卒於嘉慶元年（1796），享年五十四歲。二雲自小生長在一個知識份子家庭，「先世多講學」。〔註1〕由於世代書香門第，祖、父對他的教育，奠定他日後的學術基礎，其學術成就實深受家教的影響。邵氏自從南宋渡江，遷居餘姚開始，傳至晉涵高祖，已是第十四世，邵晉涵之高祖琳、曾祖炳、祖向榮、叔祖坡、從祖念魯、父佳銑，代代以詩書傳家，多有科第之舉。由於自小即稟受祖、父之薰陶，奠定邵晉涵之學問根柢。然而一個人的成就，除了來自家庭的影響，其生平之際遇，更起了關鍵性的影響。邵晉涵自成進士之後，一生出入四庫館、國史館、三通館，或編校四庫全書，或預修國史，令其有機會遍覽秘籍要典，益增其內涵與見聞；生當乾嘉之盛世，使其有機緣與朱筠、錢大昕、章學誠、洪亮吉等當代經史巨擘，相為師友，更增其胸襟與廣博。詳析邵晉涵一生的經歷，實有助於了解其學術成就的來源與經過。

第一節　詩書傳家之浙東望族

　　邵晉涵先世系出於洛陽，宋室南渡時，其先祖邵忠護蹕南下，官楊州路都巡檢，其子邵恭遂定居在浙江餘姚。傳至十四世邵琳，為明朝進士，官山西洪洞知縣，琳即邵晉涵之高祖。曾祖炳為縣學生。

　　祖向榮，字東葵，號餘山，康熙四十四年（1705）鄉試中舉，五十一年（1712）成進士，因為受到三弟邵坡科場案的牽連，自首入獄，雖然隨即獲得釋放，卻被迫

〔註1〕章學誠《章氏遺書・邵與桐別傳》（台北：漢聲出版社，1973年1月），卷18，頁6。

重新應試，聖祖以其書法欠工，只候補中書，改就知縣，復改教諭。時人皆感惋惜，向榮卻認為母無憂，弟無恙，於願已足。先後為定海教諭、鎮海教諭。乾隆十六年（1751），鎮海發生饑荒，向榮率書院諸生煮粥賑濟，活人無數。年八十告老歸，士民攀轅泣送，為立生祠。歸鄉後，定海、鎮海之士前來受業問學者，仍絡繹不絕於途。二十二年卒（1757），享年八十四，兩邑人士「匍匐來弔者相望；其不得來者，則相聚而哭於社。」〔註2〕著有《冬餘經說》、《四書章句偶融》、《冬餘筆記》、《冬餘文略》、《詩略》。

邵廷采，字允斯，又字念魯，乃向榮之從兄，晉涵之從祖。早年屢科不第，晚年以後便棄舉業，潛心於著述。廷采之學出於姚江書院，是姚江書院派的殿軍，他又匯合姚江書院派與蕺山學派，提倡經世致用，以補救王學末流之空疏弊端，康熙五十年（1711）卒，享年六十四。著有《思復堂文集》，所輯《西南紀事》、《東南紀事》為南明重要史料。二雲祖父向榮曾向念魯問學，〔註3〕二雲又直接從祖父學，因此二雲之學術思想，通過念魯，傳承黃宗羲以後之浙東學風。

叔祖坡，字兼山，號艮莽，愛好古經史子集，潛心於濂洛關閩之學，因此文章根柢深厚，與兄向榮同受知於學使姜楠。當時方苞在姜幕，驚坡文為「金、陳而後，未見其偶」。〔註4〕康熙四十一年（1720）鄉試中試，四十九年（1710）會試，考官以坡為第一，薦於總裁，總裁亦知坡為江浙名士，卻因嫌隙將坡罷黜。

康熙四十八年（1709），邵坡到京師應會試前，曾在富戶查氏教課其子，五十年，查氏子以坡文應試，為當科解元，事發後，邵坡正遊歷山西。當時其二哥向榮也在京師，向榮遂自首入獄，及捕其家屬，大哥元榮也下獄，後來邵坡自首到獄，元榮、向榮才獲釋。當邵坡入獄時，方苞已因黨事先被囚於獄中，兩人相見，方苞大喜說：「我識君久，今之見，何晚也？在獄中，又何奇也！」〔註5〕兩人對酒吟誦坡文，論談古今興衰成敗及其得失，並約定為性命之交。後來邵坡因科場之過不在他，依法應該釋放，但是也因此被罷歸。康熙末年，聖祖曾向朝臣詢及邵坡，並令坡進京來見，卻適逢聖祖崩逝，遂不果行。前後主講蕺山書院，多所獎進，乾隆九年（1744）卒，享年六十九。著有《稽古錄》五十卷，詩文稿若干卷，皆焚毀不傳。

〔註2〕黃雲眉《清邵二雲先生晉涵年譜》（台北：台灣商務印書館，1982年5月），頁17。
〔註3〕邵晉涵《南江文鈔》（上海：上海古籍出版社，1995年）卷10，頁47〈族祖念魯先生行狀〉：「先生與先王父同九世祖，先王父嘗問古文法於先生，兄事之。」
〔註4〕張羲年《啖蔗全集》（清光緒十九年刊本）文卷2，頁40。
〔註5〕同註4。

　　父佳銑，字藉安，補增廣生。向榮年過四十仍無子，於是祈禱於神，夜半，夢神自書叢中抽紙授之，不久即生佳銑，占卜者為向榮解夢，稱佳銑乃「書種也」。〔註6〕幼時旁聽叔父坡教授里中諸生，即能演說，以文章試之，揮筆立就，從此跟隨叔父學文，後又隨父親至鎮海。佳銑為文不隨流俗，其詩文不多作，偶一為之，往往能出人意表。中年以後特別喜歡讀《易》，博覽眾說並能有所得。邵晉涵說其父之《易》學於錢大昕，大昕讚嘆說：「唯好學則不妄，唯深思則不俗，去妄與俗，可以言道。若翁者，可謂好學深思也已。」〔註7〕可見佳銑對《易》確有獨到的見解。

　　母袁氏，為慈谿縣學生蘇升之女，佳銑生平嗜讀書，嘗有《春秋》、《國語》古刻本，然家故寒素，夫人鬻簪珥得之。夫人之外祖呂章成，明末為魯王待詔官，年少時與顧炎武、熊汝霖、陳函煇等交游，曾改梁周興嗣的《千字文》，紀錄明代史事，教育初學者，夫人自幼受家學，因此嫻熟明史。及歸邵氏，常講述明史事於諸子，雖是婦人家中語，然多屬實錄，出於正史之外，不同於一般之街巷傳聞，二雲自小習聞明代史事，故對前明掌故瞭然於胸，實亦多得之於夫人。二雲外祖曾撰次呂章成遺文於家，並將之傳予邵氏，翁婿之間相為師友。因為袁氏晚年無子，家中富藏之書籍，本來欲盡歸於佳銑，不幸毀於火，殊為可惜。夫人乾隆四十年（1775）卒於家，享年六十八。

第二節　勤學苦讀之少年時代

　　邵晉涵少時即體弱多病，清羸如不勝衣。但是天生有異稟，雖然左目微眚，卻獨善於讀書，數行俱下，寒暑舟車，未嘗有片刻中輟學業。自小為祖父所鍾愛，親課讀於鎮海學署，夜半，祖父常將其搖醒，令二雲背誦日間所讀之書，或講述經史疑義和前賢故事，凡未熟記，則搖之使其不得酣睡。在祖父如此嚴格督促下，二雲學問日進千里。四、五歲即知六義四聲，祖父又教其詩法，二雲「矢口成音，叶於天籟」。〔註8〕七歲時，代替父親作賦，贈人續婚之排律五十韻，里人咸訝其能。又博覽涉獵漢魏以迄元明之名輩大家，與鄉里諸友互相唱和，為詩操筆立成，領袖一時。直至後來會試中舉，才將精力轉向覃研經史，不欲以詩人見長。

〔註6〕盧文弨《抱經堂文集・封儒林郎翰林院編修邵君墓誌銘》（上海：上海古籍出版社，1995年）卷33，頁14。

〔註7〕錢大昕《潛研堂文集・贈邵冶南序》（上海：商務印書館，1936年7月），頁333～335。

〔註8〕邵秉華《南江詩鈔・跋》（上海：上海古籍出版社，1995年），頁668。

　　十一歲時從族兄邵陛陛受經，陛陛爲乾隆二十一年（1756）舉人，「其學尤長于經。如釋《周禮》樂師舞，引《春秋》初獻六羽，駁鄭注宗廟以人之說。據《學記》三王祭川，先河後海，《公羊傳》三望祭泰山河海，駁〈大宗伯〉賈疏禮無祭海之說。據《周禮・夏官》羊人凡釁積共其羊牲，牛人無其文，證《孟子》釁鐘本用羊不用牛之義。貫串而折其中，其大略也。」〔註9〕由於陛陛的經學專才，在他的教導下，二雲十二歲即能遍通五經，時有神童之譽。會縣試，知縣呼二雲至案前，命其背誦五經，不失一字，復試以詩，二雲有「小鳥解依人」詩句，語本《說文》，知縣由是奇之，對佳銑說：「此君家千里駒也。」〔註10〕

　　稍長，益涉獵，博聞強識，見者驚猶鬼神。對於四部七錄，都有所研究。於書無所不讀，並能追根溯源，實事求是。然而二雲之早慧，除資質聰穎天成，實亦得自刻苦勤讀的努力。二雲嘗憶及早歲苦讀情形，兄長履涵課其讀書，無論寒暑，皆有一定常程，二雲原本體弱，深冬寒夜讀書，手足時常凍僵。〔註11〕又說因讀書過勤，「自二十歲得失血症，束書不觀者數年。」〔註12〕可見二雲之勤學用功。二十四年（1759），補縣學附生，履試優等，食餼。〔註13〕

第三節　卓爾不群之科第時期

　　乾隆三十年（1965），邵晉涵浙江鄉試中舉，名在第四，當時正考官本爲曹秀先，副考官是錢大昕，入闈之後，曹氏忽生重病，臥床一個月。因此鄉試校閱取才之責任，全落在大昕身上。二雲此次鄉試「五策博洽冠場，僉謂非老宿不辦」，及前往謁見恩師，大昕才驚訝的發現，二雲不過是個二十三歲的年輕人，大昕又「叩其學，淵乎不竭」，不禁拊掌高興的說：「不負此行矣！」〔註14〕此後數年，二雲經常南北遊歷，與同里張羲年以詩相唱和。三十二年（1967），與汪輝祖始相交，輝祖自云：「余自友二雲，始得知天下士，羅臺山、魯絜非，其最也。二雲每握手，必以道義

〔註9〕　朱珪《知足齋文集・敕封儒林郎邵翁墓誌銘》（上海：上海古籍出版社，1995年），卷4，頁2～3。

〔註10〕同註2。

〔註11〕羅有高《尊聞居士集・餘姚邵伯子墓表》（上海：上海古籍出版社，1995年），頁388～389。

〔註12〕同註3，卷8，頁478〈與朱笥河學士書〉。

〔註13〕洪亮吉《詩卷閣文甲集・邵學士家傳》（台北：世界書局，1964年2月）卷9，頁167。

〔註14〕同註7，卷43，頁685～687〈日講起居注官翰林院侍講學士邵君墓誌銘〉。

相勗，常戒余伉直太過，恐處事易迕，書來亦然，余敬佩不忘。」〔註15〕

　　李文藻與二雲一向友善，三十四年（1769），文藻以謁選客京師，鈔校紀昀所藏的惠棟《古文尚書考》二卷，並邀請二雲、戴震、錢大昕覆校。不久，文藻得缺，離開京師之前，又將借鈔之《新唐書糾謬》囑二雲校勘，此書字句常有脫漏，多經二雲校補之。〔註16〕同年冬，段玉裁著《詩經韻譜》、《群經韻譜》，因其書簡略，若無注釋，則不可讀，乃寓居京師，向二雲借書，為之注釋，每完成一部，二雲輒取寫其副，至三十五年（1770）二月書成。〔註17〕

　　三十六年（1771），二雲禮部會試第一，當時朱筠為會試主考官，力主將二雲拔擢為第一，「海內有識者咸曰：『數十科來，無此才矣！』」〔註18〕按照慣例，二雲當在詞館之選，結果卻未能如願。又在京師認識章學誠，同年冬，朱筠奉命提督安徽學政，二雲與學誠俱往為幕客，並結識了洪亮吉、汪中。

第四節　幕府交遊之經史唱和

　　朱筠是邵晉涵之會試房師，在太平使院為幕客時期，二雲和章學誠、洪亮吉、汪中等學友，或談經論史，或四處遊歷，或詩詞唱和，感情至為深厚。此後雖分離南北，亦多有書信往返，或溫暖關懷，或討論學術，成為相交終身之摯友。二雲作《爾雅正義》的構想即是在太平使院受到朱筠的啟發，朱筠勉勵他修治雅學：「經訓之義荒久矣！雅疏尤蕪陋不治，以君之奧博，宜與郭景純氏先後發明，庶幾嘉惠後學。」〔註19〕除了受到朱筠的啟發和鼓勵，二雲對邢昺《爾雅疏》早已不滿，因此在乾隆三十六年（1771）冬，著手重新疏釋《爾雅》，並與洪亮吉等摯友互相討論，其中有不少釋義都是同客安徽時所訂定，洪亮吉說：「亮吉始識君，與同客安徽學使者署，見君一字未定，必反覆講求，不歸于至當不止。如以九府之梁山為今之衡山，釋艸藗莁葵為即今款東，皆同客時所訂定，而亮吉等急歎以為絕識者也。」〔註20〕後來二雲雖離開朱筠幕府，仍然多次寄書向朱筠請益，並隨時告知《爾雅正義》與

〔註15〕汪輝祖《夢痕錄餘》（北京：北京圖書館出版社，1997年），頁5～6。
〔註16〕邵晉涵參與李南澗校書一事，見王獻唐〈李南澗之藏書及其他〉，《山東省立圖書館季刊》（台北：台灣學生書局，1970年3月）
〔註17〕段玉裁《六書音均表》（台北：世界書局，1962年4月）卷首，頁1〈寄戴東原先生書〉
〔註18〕同註7，卷23，頁333。
〔註19〕同註1。
〔註20〕同註13，頁168。

《宋志》的撰寫進度。

當時章學誠向朱筠學古文詞，卻苦無藉手，二雲自其家傳鄉習，熟知前朝遺事，提供他們前朝婦女死節者的資料，請章學誠與朱筠根據前朝遺事練習撰寫傳記，「以質文心」，從此與章學誠論史「契合隱微」。〔註21〕章學誠喜疵議時人，時人多不喜，〔註22〕章氏因而落落寡歡，一生相交知己不多，卻獨有二雲與他前後二十餘年「愛若弟兄」，〔註23〕也只有二雲能賞識其所著之《文史通義》，〔註24〕兩人互相視爲知己。洪亮吉也自稱，自從認識二雲及學誠「由是識解更進步。始從事諸經正義，及《說文》、《玉篇》，每夕至三鼓方寢。」〔註25〕汪中在朱幕中，始與二雲定交，「以古經義小學相切劘。」〔註26〕是二雲之交友，重在互相砥礪道德，敦勉學業，眞摯友誼出乎自然。

乾隆三十七年（1772），邵晉涵離開朱筠幕府，主講於安慶書院、正陽書院。〔註27〕十二月，啓程回家鄉。

第五節　整理文獻之著述時期

三十八年（1773），會四庫館開，高宗欲尋求有劉向、揚雄之才者，以編纂《四庫全書》，當時大學士劉統勳首先就推薦二雲，因此特旨改庶吉士，充纂修官，與戴

〔註21〕同註1，頁7：「當辛卯年之冬，余與同客於朱先生安徽使院，時余方學古文辭於朱先生，苦無藉手，君輒據前朝遺事，俾先生與余各試爲傳記，以質文心，其有涉史事者，若表志記注，世繫年月，地理職官之屬，凡非文義所關，覆檢皆無爽失，由是與余論史，契合隱微。」

〔註22〕羅炳綿〈章實齋對清代學者的譏評〉，《新亞學報》第八卷第一期，1967。

〔註23〕同註1，頁8。

〔註24〕同註1，頁7：「余著《文史通義》，不無別識獨裁，不知者或相譏議，君每見余書，輒謂如探其胸中之所欲言，閒有乍聞錯愕，俄轉爲驚喜者，亦不一而足。以余所知解，視君之學，不啻如稊米之在太倉，而君乃深契如是，古人所稱昌歜之嗜，殆有天性，不可解耶？」

〔註25〕林逸《清洪北江先生亮吉年譜》（台北：台灣商務印書館，1981年10月），頁21。

〔註26〕尚小明《學人游幕與清代學術》（北京：社會科學文獻出版社，1999年10月），頁90。

〔註27〕《南江文鈔》（見註3），卷8，頁8〈與朱筍河學士書〉、頁15〈上錢竹汀先生書〉。乾隆36年（1771）邵晉涵在朱筠幕府時，曾致書錢大昕說：「晉涵明歲在安慶坐館。」37年（1772）底，又寄書朱筠說：「晉涵定於十二月初六日啓程歸里，書院之局未定，聞諸道路知鄭誠齋先生來主安慶書院，甚屬相宜。」是以可確知37年時，邵晉涵曾主講安慶書院。頁9：〈與朱筍河學士書〉，37年夏，「晉涵到正陽書院，僻居鄉曲，終日爲諸生調朱墨，課咿唔，宛然村教書面目。」二雲是年亦曾主講正陽書院。

雲、周永年、余集、楊昌霖一同入館編校，號稱爲「五徵君」。二雲在四庫館主要負責史部編校與提要的撰寫，〔註28〕從二雲《南江文鈔》現存的三十七篇提要看來，除了《趙端肅奏議》未收入《四庫全書總目》外，其餘三十六種，經部四種，史部二十七種，子部一種，集部四種，在史部的二十七種提要裡，正史佔了二十二種。清代二十四部正史中，〔註29〕只有《三國志》和《舊五代史》兩種提要不是由他擬撰。正史在史部排列第一，地位最爲重要，可見二雲在四庫館史部有很大影響力。當時總裁倚之爲左右手，〔註30〕只要是二雲編定的書籍，每上奏，無不受到高宗的稱讚。

　　三十九年（1774），授翰林院編修，仍纂校《四庫全書》，兼輯《續三通》，孫星衍說：「昔邵學士晉涵纂書三通館，檄取海內石刻，進之內廷編書，以續鄭樵〈金石略〉，錄其副本，舉以相贈。」〔註31〕則《續通志・金石略》爲二雲所編訂無疑。依《續通志》凡例，鄭樵〈金石略〉所錄原本於歐陽修、趙明誠諸家，其著錄僅粗具撰人姓氏，而於碑碣所在地大多未詳。二雲按照鄭樵圖譜之例，以今有、今無分載，將唐代以前《通志》遺漏未錄者，著爲一卷；五代以下爲二卷，分綴碑碣所用字體、撰寫人姓名、建立之時代，與現存之地。另外有散佚難考者爲一卷，並兼爲前人著錄之誤辨證。

　　四十年（1775）編輯《舊五代史》完成，下詔列入學官，並列爲正史之一。四庫全書館之成立，最初是因爲訪書及校輯《永樂大典》而開始，所以裒輯《永樂大典》裡之佚書，仍然爲編修《四庫全書》的主要工作之一。邵晉涵自從三十八年受徵召入館，除了負責提要的撰寫外，又擔任《永樂大典》的校勘。二雲根據《永樂大典》，輯出了《舊五代史》、《洪範口義》、《洪範統一》、《兩朝綱目備要》、《性情集》、《臨安集》、《九國志》、《東南紀聞》。其中以搜輯《舊五代史》一百五十卷之功勞最大，《舊五代史》在歐陽修所撰《新五代史》行世後，就逐漸湮沒。到清代時，據傳已經全部佚失，僅《永樂大典》根據明內府藏書仍分載其文。二雲以《永樂大典》爲底本，參校《冊府元龜》、《太平御覽》諸書。其輯佚的方法，一直被視爲輯佚的典範，「非得邵晉涵輩深通著述家法，而悉赴以精心果力者，不

〔註28〕阮元〈南江邵氏遺書序〉，《南江文鈔》（上海：上海古籍出版社，1995 年）卷首，頁 1：「史學諸書，多由先生訂其略，其提要亦多出先生之手。」。

〔註29〕清朝在明代已有的二十一史基礎上，又把清初修纂的《明史》列入正史。乾隆時，下詔將《舊唐書》、《舊五代史》也列爲正史之一，是清代共有二十四部正史。

〔註30〕同註 7，卷 43，頁 686〈日講起居注官翰林院侍講學士邵君墓誌銘〉：「總裁倚爲左右手，朝廷大著作，咸預討論」。

〔註31〕孫星衍、邢澍〈寰宇訪碑錄序〉（上海：商務印書館，1936 年）。

能藏事。」〔註32〕

　　四十年（1775），邵母袁太夫人卒，二雲南歸前，留下《九國志》輯稿給孔繼涵。《九國志》是北宋路振所撰，採吳、南唐、吳越、前蜀、後蜀、東漢、南漢、閩、楚九國之君臣行事，作世家、列傳。其書向無刊本，只散見於《永樂大典》中，二雲摘錄散篇欲恢復全書，卻因闕佚過半，並未完成。不過二雲輯佚《舊五代史》時，《九國志》亦其參考資料之一。後來二雲將所輯之《九國志》稿本予孔繼涵，繼涵又交付周夢棠重爲編次，釐爲十二卷。

　　四十二年（1777），與汪沆、王增同修《杭州府志》，歷時一年有餘，書成被竊取。四十三年（1778），受聘於餘姚知縣唐若瀛，協纂《餘姚縣志》，其中〈學校官田考〉一篇即二雲所撰。同年秋，入都補官。四十五年（1780），二雲充恩科廣西鄉試正考官，「求其留心經訓，與不悖先民矩矱者，慎而錄之。雖所造深淺不同，因文徵行，望其爲讀書敦本之士，於設科取士之義，庶幾無負。」〔註33〕時中式者四十五人。

　　四十七年（1782）《四庫全書》修纂完成。四十八年（1783）九月，父親藉安先生卒，二雲南歸丁憂。四十九年（1784），重任《杭州府志》總修。四十二年（1777）時，二雲本應知府邵齊然之聘，參與編纂《杭州府志》，當時總修者爲汪沆、王增與二雲。後來王燧覬覦杭守之職，賄賂巡撫，邵齊然遂被罷黜。王燧繼任之後，將二雲等人所纂稿本付梓，冒爲己輯。至四十九年，新任知府鄭澐上任，再次禮聘二雲承續修纂之事，二雲乃以前稿爲底本，詳加考覈，增所未備，於該年十一月付之剞劂，此書「篇帙既富，體例尤精，世稱善本。」〔註34〕

　　五十年（1785），著《爾雅正義》二十卷成。二雲爲《爾雅》作《正義》的構想始於乾隆三十六年（1771），在朱筠安徽使院期間。是年冬，即著手撰寫，初稿大約完成於三十六年到三十八年（1773）之間。三十八年，會四庫館開，二雲被徵入館參校，得以閱覽皇室所收藏的孤籍秘典，對其注解《爾雅正義》助益甚多。四十年（1775），全書已初具規模。此後，二雲「舟車南北，恆用自隨。意有省會，仍多點竄。十載于茲，未敢自信。」〔註35〕直到乾隆五十年才寫成定稿，「一字未定，必反覆講求，不歸于至當不止。」〔註36〕爲求疏解能達於至當，二雲殫思十年，「凡

〔註32〕顧力仁《永樂大典及其輯佚書研究》（台北：文史哲出版社，1985年9月），頁309。
〔註33〕同註3，卷5，頁34〈廣西鄉試錄序〉。
〔註34〕同註2，頁70。
〔註35〕邵晉涵《爾雅正義‧序》（台北：漢京文化事業有限公司印行，1990年）
〔註36〕同註13。

三、四易稿而始定。」〔註37〕

　　五十一年（1786），應畢沅之聘，赴開封修訂《續資治通鑑》。同年，丁憂期滿，入京補官。五十二年（1787），為教習庶吉士。五十六年（1791），御試翰詹，二雲名列二等，遷左春坊左中允。是年十一月，詔刊十三經於太學，依開成石經，據諸本定其得失。二雲職《春秋三傳》，所正字體，較他經獨多，旋擢侍講侍讀左庶子。嘉慶元年（1796）擢為翰林院侍講學士，日講起居注官，兼文淵閣直閣事。歷充咸安宮總裁，萬壽盛典、八旗通志、國史館、三通館纂修官。又為國史館提調，兼掌進擬文字。

第六節　著述鴻圖之未竟而逝

　　二雲素來身體羸弱，又兼職諸館，晨入暮出；及其有暇，尚授徒自給，前後教授之弟子有數百人，於是體力益加無法負荷。嘉慶元年（1796）三月，偶感寒疾，卻因醫者誤投藥，病情遂加劇，於當年六月十五日卒於邸第。卒之日，言語談笑與平日無異，尚有人求乞志傳，還未及成，二雲檢視篋中餘稿，交付次子秉華，從容就席而瞑。墓葬鳳亭鄉湖頭山，今餘姚城區江南尚有其舊居「會元房」遺址。

　　邵晉涵事親至孝，居祖、父、母之喪，哀毀骨立，喪期過後仍然思慕至親不已。與人結交，始終如一，不曾以學問博雅自矜，惟人若以非義事求之，不待語畢，即拂衣起身離開，人多敬憚之。性狷介，不為要人屈，為官清白無瑕，在京任官期間，「教授生徒以自給，足不詣權要之門。」〔註38〕當時乾隆寵臣和珅曾延攬二雲，請其為額駙（和珅之子豐紳殷德）之師，二雲堅辭不就，寧願罷官致仕，和珅愧曰：「吾非必相強，邵君何為此悻悻！」〔註39〕由此可見二雲之風骨，因此二十餘年的官宦生涯，官止於四品。其人格之清白自許，為官之廉正，深得當世學者之敬重，聞其早逝消息，「卿大夫相與悼於朝；汲古通經，博文宏覽之儒，相與慟於野。而大臣之領國史者，迄今尤咨嗟太息，重惜其亡。」〔註40〕

　　二雲逝世之後，他生前許多著述的計畫都沒有完成，或是已有殘篇零稿卻又亡佚散失。如《孟子述義》、《穀梁古注》、《韓詩內傳攷》、《儀禮箋》、《南都事略》、

〔註37〕同註7，卷43，頁686〈日講起居注官翰林院侍講學士邵君墓誌銘〉
〔註38〕江藩《漢學師承記》（台北：明文書局，1985年），卷6，頁9。
〔註39〕姚瑩《東溟外集》（中研院傅斯年圖書館藏清同治六年姚濬昌安福縣署刊本）。
〔註40〕王昶〈翰林院侍講學士充國史館提調官邵君晉涵墓表〉，《國朝耆獻類徵初編》（台北：明文書局，1985年）卷130，頁16。

《宋志》、《皇朝大臣諡迹錄》、《方輿金石編目》、《輶軒日記》。二雲著作的散佚，實是學術界的一大損失，尤其是《宋志》編修之美志不就，更被視爲史學界的一大憾事。

　　重修《宋史》一直是二雲的宿願，他計劃要先續王偁的《東都事略》，作《南都事略》一書，再行編刪，別爲《宋志》。不過兩書都未有流傳，其對《宋史》的部分考證成果保存在《南江札記》中。二雲改寫《宋史》的想法，是源自於對《宋史》的不滿，又受到章學誠與錢大昕的鼓勵啓發，出於一個史學家對歷史的使命感，於是慨然自任，擔負起重新刊定《宋史》的重責大任。二雲與章學誠也常有書信往返，討論編纂《宋史》的宗旨、方法，並互相督促進程。學誠對二雲懷抱很高期待說：「識者知君筆削成書，必有隨刊疏鑿之功，蔚爲藝林鉅觀。」〔註41〕段玉裁也致書二雲說：「先生邃于史學，聞實齋先生云有《宋史》之舉，但此事非先生莫能爲。」〔註42〕因此二雲逝世後，《宋志》尚未完成，章學誠不禁感嘆說：「不特君之不幸，亦斯文之厄也。」〔註43〕

　　除了《宋志》外，二雲的經學注疏著作《孟子述義》、《穀梁古注》、《儀禮箋》等，金石學著作《方輿金石編目》，也都尚未成書，或沒有流傳下來，實爲學術界之損失。

〔註41〕同註1，頁8。
〔註42〕李慈銘《荀學齋日記‧己集》（台北：文光圖書公司，1963年），頁19。
〔註43〕同註1，頁8。

第三章　乾嘉學術與浙東學術對邵晉涵之影響

　　乾嘉學術是指稱清乾隆、嘉慶兩朝，盛極一時的考據學。當時學者以考據的方法，全面性地整理古代典籍，是我國文獻學史上一個鼎盛的時代。邵晉涵躬逢其時，或奉詔纂修、或私著書籍，其整理文獻之方法：傳注、輯佚、目錄、金石、方志、編纂，都與乾嘉的時代背景脫離不了關係。邵晉涵的家鄉浙江，自古以來即是一個人文薈萃，學者輩出的地區，從南宋以後，浙東學者即有一脈相傳的學風。清初黃宗羲繼承浙東先賢的傳統精神，開創清代浙東學術的新面貌，邵晉涵之治學方法與其學術成就，受浙東學術之影響最為深遠。因此本章先述乾嘉大環境對邵晉涵的影響，接著敘述邵晉涵對浙東地區的學術傳統之紹繼。

第一節　邵晉涵與乾嘉學術

一、考據之學勃興的乾嘉時代

　　從清人入關至宣統遜位，將近兩百七十年的時間，清代可說是我國學術史上，繼先秦百家爭鳴後，另一個鼎盛輝煌的時代。其學術之發展情形，大致可將其劃分為清初、中期、晚清三個階段，〔註 1〕每一個時期的學術發展，雖有不同的趨勢及特色，然而每一階段的思想轉變，都有其歷史的連續性，與前一時期之學術有著密不可分的相關性，絕不是憑空而生的。

〔註 1〕王俊義〈再論乾嘉漢學的幾個問題〉，《清代學術論叢》（台北：文津出版社，2001年），頁 15。初期包括順治、康熙兩朝；中期包括雍正、乾隆、嘉慶；晚清指道光以後至清代覆滅。

明末清初的學術界興起一股實學的思潮，〔註 2〕其主要精神在於經世致用。實學興起的原因主要是對王學的反動，明代中葉以後，王學籠罩全國，以心性互相標榜，束書不觀，對晚明學風產生不良的影響。尤其到了明代後期，在內政上，不僅政治腐敗，而且宦官當道，各地流寇四起；在外事上，沿海有倭寇侵擾，東北又有新興的滿族勢力威脅，明王朝正處於岌岌可危的境地。爲了挽救明朝免於滅亡，以顧憲成、高攀龍爲主的東林學派，鑒於學風的頹壞，他們以天下爲己任的救世精神，主張性即理，提倡功夫論，反對王學末流的心即理，當下現成良知之說。然而東林人的努力，仍然抵擋不住歷史的巨流，挽救不了明朝的滅亡。清初學者黃宗羲、顧炎武檢討明亡的因素，普遍認爲王學末流的空疏虛妄，是導致明亡的主要因素，因此他們提倡實踐，注重實行，以實學爲主的經世思想，涵蓋了政治、經濟、教育、學術各方面。

清初的實學思潮發展到康熙中葉以後，逐漸演變爲以考據學爲主要方向的乾嘉學術，考據學是以文字、聲韻、訓詁爲基礎，對古代典籍作校勘、傳注、考證、辨僞、輯佚，取得了超越前代的成就。清代康熙、雍正、乾隆三代，號稱盛世，尤其康熙中期以後，政治已經趨向穩定，經濟也隨之復甦，民生富庶。經濟的繁榮發展，促使教育文化的發達，藏書、刻書的風氣大盛，爲考據工作提供了有利的條件。此外，統治者一面以文字獄箝制思想，一面又提倡學術，「稽古右文」、「崇儒重道」，在康、雍、乾時期，由政府主持編纂多種大型的史書、類書、叢書、工具書，如《古今圖書集成》、《明史》、《四庫全書》、《佩文韻府》、《續三通》等，不僅保存了中國古代的知識遺產，也因爲修書需要，網羅了大批學者專家，促使學術的交流，更因此而帶動校勘、輯佚、辨僞、目錄、版本、金石、方志、音韻、訓詁等各種學術的發展，成爲乾嘉考據學的特色。

由於統治者的愛好學術並加以提倡，清代官員也常邀請學者、文人爲幕客，當時最著名的有朱筠幕府、畢沅幕府、阮元幕府，這些幕府聚集當時一流的學者，如章學誠、邵晉涵、王念孫、汪中、洪亮吉、黃景仁、程晉芳、江聲、孫星衍、凌廷堪，他們除了互相交流研討學問外，也幫幕主編書、著書，如《史籍考》、《續資治通鑑》、《釋名疏證》、《湖北通志》。因爲康、雍、乾時期，皇室、官吏、學者、商賈熱心從事學術工作，在藏書、刻書、編書、著書、校書的風氣下，乾嘉遂成爲文獻

〔註 2〕 詹海雲〈清初實學思潮〉，《清代學術論叢》（台北：文津出版社，2001 年），頁 101
～131。對明末清初之學風，歷來有不同之稱呼，詹海雲比較八種稱呼之內涵，認爲
「實學」一詞與明末清初時期之學術內容和學風較能相符，認爲以「實學」爲名稱
之，最爲適當。因此本文沿用實學一詞，稱呼明末清初之學術思想。

學極度鼎盛的時期。〔註3〕

二、乾嘉學術在文獻學之成就

乾嘉時期，因為文獻學的蓬勃發展，出現了一批文獻學大師，如：錢大昕、紀昀、戴震、章學誠、邵晉涵、盧文弨、段玉裁、王念孫，他們以校勘、編纂、輯佚、傳注、目錄、方志、金石等方法途徑，對中國古典文獻進行全面的總整理，在經、史、子、集四部上，都獲得很豐碩的成果。今分別略述如下：

（一）校勘成績斐然

校勘是考據學家所使用的重要方法之一，清代考據之學盛行，校勘也成為盛極一時的學問。當時以校勘名家的學者及其相關著作有：錢大昕《經典文字考異》、盧文弨《群書拾補》、阮元《十三經注疏校勘記》等。

（二）編纂成果卓著

乾嘉時期的文獻編纂，成就最大的是叢書、政書的編纂。乾隆三十八年（1773）開始修纂的《四庫全書》，是我國歷史上卷帙最大的一部叢書，乾隆以前的重要典籍，基本上都收錄於其中。政書是專門記載歷代或一代的典章制度之專書，包括「十通」和歷朝「會要」、「會典」。乾隆時敕修的政書有《續通典》、《續通志》、《續文獻通考》、《清通典》、《清通志》、《清文獻通考》。

（三）輯佚風靡一時

清乾隆時編纂《四庫全書》的最初動機，是由裒輯《永樂大典》內之佚書開端。及四庫館開，先後從《永樂大典》輯佚出的書有三、四百種，這樣有計劃、大規模的輯佚工作，實為文獻學史上罕有的創舉。受四庫館輯佚書風氣的影響，清代湧現許多大型的輯佚書與輯佚學家，如：王謨《漢魏遺書鈔》、馬國翰《玉函山房輯佚書》、黃奭《漢學堂叢書》。

（四）傳注成績豐碩

清代學者在注解經書時，以文字、音韻、訓詁為基礎，對古代典籍普遍地進行注釋，獲致很大的成就，如：邵晉涵《爾雅正義》、孫星衍《尚書今古文注疏》、馬瑞辰《毛詩傳箋通釋》、孫詒讓《周禮正義》、王先謙《詩三家義集疏》等。

（五）目錄成就可觀

清代目錄學最重要的著作是《四庫全書總目》。《四庫全書總目》繼承歷代校書

〔註3〕　王繼光、謝玉杰《中國歷史文獻學》（北京：民族出版社，1999 年 9 月），頁 406。明清時期是中國文獻學的高峰時期，「"高峰"二字，主要指明清時期的古籍整理成就，特別是清代乾嘉考據學的成績。」

編目的經驗，使用四部分類法，並爲每一書撰寫提要，成爲中國目錄學史上的集大成之作。後人在目錄分類的類目、每目所著錄的書籍編排，常以此爲典範。此外還有于敏中等編《天祿琳琅書目》、彭元瑞等編《天祿琳琅書目後編》。

（六）方志蓬勃發展

清廷爲修一統志，曾多次下令各地修方志，以提供一統志之纂修資料，因此造成清代方志編纂事業的興盛。當時很多著名學者都參與了編修方志的工作，如：錢大昕的《乾隆鄞縣志》、章學誠的《永清縣志》和《嘉慶湖北通志》、邵晉涵的《杭州府志》、洪亮吉的《淳化志》、段玉裁的《富順志》等。

（七）金石之學興盛

現存金石學著作中，北宋至乾隆以前的七百年間，僅有六十七種，而乾隆以後的二百年間，卻有九百餘部金石學專著，﹝註4﹞因此清代可說是金石學發展的鼎盛時期。當時的金石學家研究範圍廣泛，精於鑑別，又擅長考訂，在資料匯集和文字考釋方面都作出很大貢獻。主要著作有乾隆御纂的《西清古鑑》和《寧壽鑑古》、錢大昕《潛研堂金石文字跋尾》、孫星衍與邢澍合纂的《寰宇訪碑錄》、阮元《積古齋鐘鼎彝器款識》。

三、乾嘉學術對邵晉涵之影響

邵晉涵生於清乾隆八年（1743），卒於嘉慶元年（1796），其一生與乾隆一朝相始終。雖然二雲家鄉的浙東學術傳統，對他的治學精神與學術特色有很大的影響力，但是浙東學術相對於全中國，是乾嘉學術的一部份，生長在乾嘉學術最鼎盛時代的邵晉涵，不僅浙東學風對他有深刻的影響，當代的學術文化必定與他也產生一些關聯。我們可從二雲的仕宦經歷、交游與其著作中，看出乾嘉學術對其學術內涵與思想的孕育關係。

邵晉涵自從二十三歲鄉試中舉，開始遊歷南北，並先後在朱筠、畢沅的幕府中爲客，在遊歷爲幕客與居官期間，他認識了許多當代在經學、史學、小學、考據學的著名學者，二雲與他們或師、或友，經常的相交問難，互相啓迪發明。邵晉涵在乾隆三十八年（1773）被徵召入四庫館，參與編纂工作，並撰寫史部書籍提要，不僅發揮其目錄思想又對目錄學作出貢獻。他在四庫館中又負責輯佚《舊五代史》，被評價爲是《永樂大典》的輯佚工作中最好的範本之一。《四庫全書》館被視爲漢學家的大本營，書中提要更被認爲是漢學思想的結晶。邵晉涵的老師

﹝註4﹞ 洪湛侯《文獻學・歷史編》（台北：藝文印書館，1996年3月），頁434～435。

朱筠、錢大昕，好友紀昀、孫星衍、戴震、洪亮吉、王昶，都是赫赫有名的漢學家，《爾雅正義》就是受到朱筠啓發而寫作的，由此看來邵晉涵的確與乾嘉漢學家有密切的關係。

　　乾嘉是一個經學復興的時代，二雲也有不少經學的作品出現，爲經書作注補、考訂、辨誤，如《爾雅正義》、《穀梁古注》、《孟子述義》、《儀禮箋》，雖然除了《爾雅正義》外，其他著作皆已散佚，然其《南江札記》「卷一穀梁，卷三孟子，皆旁引眾義，不下己意，類焦里堂長編，當爲二書稿草；餘則標舉異同。」〔註5〕因此，《穀梁古注》與《孟子述義》雖已亡佚，仍然可以從《南江札記》裡一窺二書最初的形貌。而《南江札記》正是屬於考訂的筆記，書中字斟句酌的推敲考求，正是乾嘉的考據精神，通經需從小學著手的方法。

　　《浙東學術史》說：「浙東學派，到全、邵時代，已有一些考據學色彩。」〔註6〕全祖望生卒於康乾之間，一生主要都在整理歷史文獻，是清代著名的文獻學家，他七校《水經注》，三箋《困學紀聞》，也撰寫許多表彰故國的節義烈士與浙東鄉哲先賢的文章。邵晉涵與乾隆一朝相始終，生長在乾嘉考據學最鼎盛的時代，爲編纂《四庫全書》、《續通志》、《宋志》貢獻心力，又輯佚《舊五代史》、爲《爾雅》作新疏、撰寫四庫提要、編修《杭州府志》，是一位深受考據學方法影響的文獻學家。因此說全祖望、邵晉涵受乾嘉學術風氣的影響，是合情合理的。

第二節　邵晉涵與浙東學術

　　「浙東學術」之說法，首創於章學誠。〔註7〕浙東自古以來即是一個地靈人傑的區域，不論是經學、史學、哲學、文學等各種學術文化，皆有卓越成就，在中國學術史上佔有舉足輕重的角色。邵晉涵的家鄉浙江餘姚，是浙東文化最早發展的地區之一，從漢唐開始，就不斷有學者在此地傳播發揚各種學說與思想。生長在學術氣息如此濃厚的地方，邵晉涵深受浙東學風與思想之影響，並被認爲是清代浙東學派的傳承者之一，〔註8〕邵晉涵與浙東學術關係之密切由此可見一班。

　　《浙東學術史》將浙東學術的發展分爲四階段：（一）漢唐時期（二）宋元時期

〔註5〕　《南江札記・邵晉涵傳》（台北：大華印書館，1968年）卷首，頁2。

〔註6〕　管敏義《浙東學術史・清代的浙東學術》（上海：華東師範大學出版社，1993年），頁327。

〔註7〕　章學誠《章氏遺書・浙東學術》（台北：漢聲出版社，1973年1月），頁23～24。

〔註8〕　同註6，頁318，論清代浙東學派之代表人物，「有黃宗羲、萬斯大、萬斯同、邵廷采、全祖望、邵晉涵、章學誠等七人。」

（三）明代（四）清代。〔註9〕以二雲與浙東學術的淵源之深，受其學風影響自不待言，因此本節先回顧浙東學術之歷史發展，以明浙東學術一貫以來的優良傳統。尤其是南宋以後的呂祖謙、陳亮、葉適、王應麟、劉宗周等學者，他們的學說思想與治學的方法精神，深刻地影響著清代以黃宗羲爲首的浙東學派。清代的浙東學者主張研讀經史、重視經世致用，並且對古籍文獻之整理都作出很大貢獻，從黃宗羲到萬斯大、萬斯同、邵廷采至全祖望再到邵晉涵、章學誠，他們的學術內容或有差距，然其治學的方法與精神卻是一脈相承。邵晉涵在文獻學上的各方面成就，正是遵循著浙東先哲的傳統精神所獲致的。

一、浙東學術之歷史發展概述

先秦時期，全國的政治、經濟與文化，在黃河中下游；僻處東南的浙東，文化並不發達。但是這樣的情況，在東漢以後有了變化。由於中原受到戰亂的波及，許多北方士人逃往南方避難，加之經濟也漸漸發展，文化教育因此也開始發達。漢唐時期，浙東地區已經培養出一些著名學者，如：王充、趙曄、虞翻、虞喜、闞澤、謝沈、虞世南。

南宋是浙東學術繁榮發展的階段。宋室南渡以後，定都臨安（今浙江杭州），浙江成爲全國政治、經濟、文化的中心，南宋時期的浙東文化因此迅速發達，形成各種學派爭鳴的情況。當時浙東地區的學術派別，以呂祖謙的金華學派，和講求經世致用的事功學派（包括陳亮的永康學派和葉適的永嘉學派）最重要。呂祖謙是葉適考中進士時的考官，晚年與陳亮也成爲摯友，葉適、陳亮彼此間更是相交莫逆，三人常互相切磋學問，因此他們的學術觀點雖有相異處，也有共通的地方。

呂祖謙之學傳承自家學，呂氏在北宋是顯赫的官宦世家，世代書香門第，在如此深厚的家學淵源下，呂祖謙繼承「中原文獻之所傳」。〔註10〕呂氏的另一治學家風是不專主一說，兼取各學派之長，祖謙繼承發揚之，不囿於門戶之見，博采眾長，調和朱陸之異同，也吸收永嘉和永康學派的長處。呂祖謙對於史學非常重視，認爲史學是經世致用之學，撰史的態度應求實考信，他的的史學思想對南宋以後的史學界起了很大影響，尤其是清代浙東史學派更與他有密切淵源，「是清代浙東史學的先驅者」。〔註11〕

永康和永嘉兩派的共同特色是重視「事功」，兩者之區別在「永嘉以經制言事

〔註 9〕同註6，頁2～5〈導論〉。
〔註10〕全祖望《宋元學案・東萊學案》（台北：正中書局，1968年4月），頁555。
〔註11〕同註6，頁109〈宋元時期的浙東學術〉。

功」、「永康則專言事功」。〔註12〕他們的思想對開啓清代浙東學風亦有貢獻。葉適將六經當作史書看待，並強調經史應該統一，認爲學史的目的是爲了現實的需要，其史學思想在經世致用。陳亮也主張經世致用的史學，並將經史結合，提出要通經義就必須讀史的想法。葉適和陳亮進步的史學思想，對後來的浙東史學有深遠影響，清代浙東史學的一些特點，已經能從他們的學說中看出端倪。張舜徽說：「『永嘉學派』中的代表人物如陳傅良、葉適，『金華學派』中的代表人物如呂祖謙、陳亮，或言經制，或言文獻，或言事功，而皆究心史學。不僅對浙東本地有著深遠的影響，在中國學術史上也佔有極重要的地位。」〔註13〕

　　宋末元初值得注意的浙東學者有二：一爲黃震的東發派；二爲王應麟的深寧派。黃震長於理學與史學，他的理學以程朱爲宗，而有所修正；史學成就則由弟子楊維楨、陳樫將其發揚光大。王應麟的學術思想主要淵源於呂祖謙，是一位重考據的博學大師，以經世致用爲目的來整理古文獻，是明清文獻派的鼻祖，對浙東學派有很大影響，王應麟爲學重文獻搜集，不存門戶之見，都是浙東學派的傳統理論。他於天文、地理、史學、目錄學、輯佚學、文學等方面皆有造詣與成就。

　　明中期陽明心學的崛起，打破程朱理學數百年來的獨尊地位，成爲明代中葉以後影響全國的思想主流。王守仁主張心即是理、知行合一與致良知，他晚年提出的四句教〔註14〕是其學術宗旨所在。明末清初，以劉宗周爲代表的戢山學派，是影響清代浙東學派最重要的學者。劉宗周的學術思想主要淵源自陽明心學，梁啓超認爲，明清之際「王門下唯戢山一派獨盛」〔註15〕，又說劉宗周是「王學自身的反動」之代表。〔註16〕這就表示劉戢山一派「既是王學的繼承者，又是王學的修正者」。〔註17〕承繼戢山學說的浙東學者，以其弟子黃宗羲爲主要代表。黃宗羲闡揚師說，並有所創新，補救王學末流之弊病，開啓了清代浙東學派的新局面。

　　浙東學術發展至清代，成就相當輝煌亮眼，對當代及後世都產生很大的影響，歷來研究清代浙東學術者，多側重在史學，其實浙東學者貫通經史，學術成績是多方面的，不僅限於史學而已。清代浙東學術的開創者是黃宗羲，章學誠說：「世推顧亭林氏爲開國儒宗，然自是浙西之學，不知同時有黃梨洲氏出於浙東，雖與顧氏並

〔註12〕同註10，卷50，頁611〈龍川學案〉。
〔註13〕張舜徽《清儒學記》（濟南：齊魯書社，1991年11月），頁200。
〔註14〕王學四句教爲「無善無惡心之體，有善有惡意之動，知善知惡是良知，爲善去惡是格物。」
〔註15〕梁啓超《中國近三百年學術史》（台北：里仁書局，2002年），頁61。
〔註16〕同註15，頁9。
〔註17〕丁國順、王鳳賢《浙東學派研究》（浙江：浙江人民出版社，1993年3月），頁240。

峙，而上宗王、劉，下開二萬，較之顧氏，源遠而流長矣。」〔註18〕清代浙東學派從黃宗羲開始，有明確的師承家法，或私淑紹繼，或聞風興起。以黃宗羲為第一代，萬斯大、萬斯同、邵廷采為第二代，全祖望為第三代，邵晉涵、章學誠為第四代。〔註19〕一脈相因，淵源有自，基本上已形成一個派別，具有一定規模。而邵晉涵一生之學術思想、成就，受浙東學派影響最深，並成為傳承者之一。因此以下花費較多篇幅探討黃、二萬、邵、全之學術宗旨及其成就，進一步論析浙東學派之治學特徵，以明二雲一生雖從事文獻之整理，又不同流俗，只汲汲於考證、校勘，確有其學術淵源，並非異軍突起。

黃宗羲是一個思想、經學、史學皆長的學者。《明夷待訪錄》是他政治思想的集中反映，具有進步的民主思想。黃宗羲對於經學極為重視，本身也廣泛地閱讀研究群經，他對經學的見解是：「非通諸經，不能通一經；非悟傳註之失，則不能通經；非以經釋經，則亦無由悟傳註之失。」〔註20〕他撰有《易學象數論》，據梨州自稱研讀過的《周易》傳注就達百餘家，〔註21〕其博通精神實令人折服。宗羲除了認為讀經應博覽外，還主張經學、史學必須貫通，「謂學必原本於經術，而後不為蹈虛；必證明於史籍，而後足以應務。」〔註22〕「受業者必先窮經，經術所以經世；不為迂儒之學，故兼令讀史。」〔註23〕這種經世致用的經史觀，是黃宗羲治學的原則與目的。

黃宗羲的史學研究受父親黃尊素影響甚深，在父親遇難之前，曾告誡他說：「學者不可不通知史事。」〔註24〕黃宗羲因此發憤研讀史書，其史學著作有關明代史事的有《明史案》、《明文海》。清廷修纂《明史》時，梨州雖不願意參加史館的工作，但是其子百家、學生萬斯同都參與了《明史》的修訂，而且當史館或萬斯同遇有修史疑難不能決斷時，也往往向其諮詢，因此黃宗羲雖未親自參加史館工作，實際上仍對《明史》的纂修，作出不少貢獻。黃宗羲又撰有《明儒學案》，前人對此書評價甚高，「稱得上為中國歷史上第一部從內容到體例都較為完備的學術史專著。」〔註25〕其著述宗

〔註18〕同註7，頁23。
〔註19〕關於清代浙東學派的傳承系統，參見管敏義，《浙東學術史》（見註6），頁4。丁國順、王鳳賢《浙東學派研究》（見註17），頁345。
〔註20〕黃宗羲《南雷文定‧萬充宗墓誌銘》（台北：台灣商務印書館，1970年4月），頁123。
〔註21〕同註20。
〔註22〕全祖望《鮚埼亭集‧甬上證人書院記》（台北：台灣商務印書館，1968年12月），頁880。
〔註23〕同註22，卷11，頁136〈梨洲先生神道碑〉。
〔註24〕同註22，頁132。
〔註25〕同註18，頁354。

旨是公正客觀、兼容並蓄,以客觀的精神看待明代儒學的各個學派,不論其學術宗旨如何,都能做到涵括兼取,分別爲立學案,以求忠實的呈現明代的學術思想發展情形。爲了能對每一學派與思想家,作一客觀精準的評述,黃宗羲十分注重史料的搜集與第一手資料來源,並以史料作爲立論的基礎,公正的申論各學派爲學主張,不以己意強加於人或竄改史實。黃宗羲這種創新的史學思想與研究方法,爲浙東後學樹立了一良好的典範規模。

與黃宗羲同時之萬泰,其八子俱師事黃宗羲,其中第六子斯大專治群經;八子斯同兼通經史,尤長於史,兩人在黃門弟子中成就最大。萬斯大在經學上的造詣很深,但是其經學研究成果後來毀於大火,今存的《經學五書》是斯大後來補輯而成的,就此書觀其經學,尤深於《春秋》、《三禮》。然而斯大不幸早死,沒有爲經學作出更大貢獻,實爲學術界的一大損失。斯同博通經史,尤長於禮,曾助徐乾學撰《讀禮通考》,另撰有《喪禮辨疑》、《廟制折衷》、《讀禮附論》等書。後來因見老師黃宗羲之經學傳者已多,而史學卻仍後繼無人,因此改而專攻史學,並以史學名世。黃百家稱道斯同之史學:「自兩漢以來數千年之制度沿革、人物出處,洞然腹笥。……于有明十五朝之實錄,幾能成誦;其外邸報、野史、家乘,無不遍覽熟悉。隨舉一人一事問之,即詳述其曲折始終,聽若懸河之瀉。」〔註26〕由此可見,斯同之史學博通古今,尤其對明代掌故特別熟悉。因此清康熙開館纂修《明史》時,總裁徐元文極力禮聘斯同,斯同雖有明遺民意識,不願效力清朝,卻有感於整理故國文獻之重要,所以他應聘入京,住在徐家,又請以布衣參加修史,不署銜,不受俸。此後,明史館歷任總裁,也都非常禮敬他。萬斯同等人所纂輯的《明史稿》,爲《明史》刊定之主要依據,所以斯同可說是《明史》幕後的重要編纂者。

邵廷采爲邵晉涵從祖,他是姚江書院派的殿軍。明代王陽明弟子錢德洪,傳學予沈國模,沈氏爲姚江書院創始人之一。沈國模又授弟子韓孔當、邵曾可,曾可傳子貞顯,廷采即爲貞顯之子。自沈國模以下一脈相承的姚江書院派,在浙東地區的影響力,僅次於黃宗羲所傳的戢山之學。姚江書院派與戢山學派雖同出一源,然而沈國模主張「致知」爲首要,屬於正統的陽明流派;劉宗周則認爲「誠意」爲先,屬於陽明修正派。由於對致知、誠意的先後關係主張不同,兩派在沈、劉時期即分道揚鑣,各自發展,傳至邵廷采,兩派思想始歸於一統。廷采認爲「致知、誠意,因時指授,取其篤信,不必定宗一家也。」〔註27〕「王、劉,道同也,弟子豈各分

〔註26〕黃百家〈萬季野先生斯同墓誌銘〉,《碑傳集》(台北:明文書局,1985年)卷131,頁3。
〔註27〕邵廷采《思復堂文集·王門弟子所知傳》(台北:華世出版社,1977年5月),頁49。

門戶哉！」〔註28〕「於明儒，心服陽明而外，獨有戢山。」〔註29〕今觀其《思復堂文集》首冠以〈明儒王子陽明先生傳〉、〈明儒劉子戢山先生傳〉，蓋可推見其學術淵源。廷采於學，「主張以實學發為實用」，〔註30〕因此提倡經世致用，以補救王學末流之空疏弊端。所以在《思復堂文集》中有許多裨益致用的文章，如卷九有田賦、戶役、國計、農政、倉貯、水利、鹽法、錢幣、關市、刑律、弭盜、河防等十二略。另外又輯有《西南紀事》、《東南紀事》為南明重要史料。

全祖望一生主要都在整理歷史文獻，是清代著名的歷史學家及文獻學家。在其所著《鮚埼亭集》及《外編》中，有許多篇章是記載明末清初的遺文軼事，表彰故國的節義烈士，與浙東自宋代以來的鄉哲先賢。他七校《水經注》，三箋《困學紀聞》，續補黃宗羲沒有完成的《宋元學案》。謝山一生治學上紹梨州及二萬之餘緒，他極力宏揚黃、萬等先賢文獻，又完成梨州未竟事業，以繼承黃、萬學脈為己任，「復興了清初浙東學派的門風。」〔註31〕

二、清代浙東學術之治學特徵

「南宋以來，浙東儒哲講性命者，多攻史學，歷有師承。」〔註32〕自南宋以降，浙東學術即一脈相承，〔註33〕尤其是明末清初，黃宗羲出而為浙東學派大師，傳授弟子，從萬斯大、邵廷采、全祖望、邵晉涵、章學誠，或親受教炙，或聞風興起，「蔚然自成一系統」。〔註34〕既已形成一個宗派，因此在思想內容上，有其特點；在學風上，也有自己的治學傳統。以下根據清初以後的浙東前輩鄉賢，黃、萬、邵、全諸人之學術主張，歸納其學風特色五點，而邵晉涵之受浙東治學風氣影響者，亦皆在此。

（一）博覽兼采

黃宗羲是一位博學大師，全祖望總論其思想淵源說：「以濂洛之統，綜會諸家，橫渠之禮教，康節之數學，東萊之文獻，艮齋、止齋之經制，水心之文章，莫不旁推交通，連珠合璧，自來儒林所未有。」〔註35〕可見黃宗羲在學術上主張博采眾家

〔註28〕同註27。
〔註29〕同註27，卷7，頁10〈答蠡吾李恕谷書〉。
〔註30〕同註13，頁232。
〔註31〕同註6，頁384。
〔註32〕同註7，卷18，頁6〈邵與桐別傳〉。
〔註33〕孫善根〈論清代浙東學派的歷史地位〉，《浙江學刊》（1996年第2期）「清代浙東學派『近承戢山之緒，遠紹永嘉之風。』與南宋時期的浙東學派前後相輝映，精神上一脈相通。」
〔註34〕同註17，頁135。
〔註35〕同註22，頁136～137〈梨洲先生神道碑文〉。

之長，反對有門戶之見。萬斯同博聞強識，史學造詣貫通古今，「自兩漢以來數千年之制度沿革，人物出處，洞然腹笥。」又秉承師教不拘守門戶之見，撰著《儒林宗派》「凡漢後唐前傳經之儒，一一具列，除排擠之私，以消朋黨，其持論獨為平允。」〔註36〕邵廷采雖出自姚江正傳，然匯合書院與戢山兩派，又求教於黃宗羲，毫無門戶之見，又兼長理學、史學，《思復堂文集》中數篇致用於社會的文章，範圍涵蓋了財政、農業、水利、律法諸方面，益可見念魯之博通。全祖望經學、史學、詞章皆所擅長，續補《宋元學案》時，平等看待各家宗派，並不定於一尊。

（二）貴在創新

　　章學誠〈浙東學術〉說：「浙東貴專家，浙西尚博雅。」〔註37〕「貴專家」就是要有獨創的精神，貴在創造發明，而不僅僅是為前人著述作考訂、疏釋的整理功夫。黃宗羲是清初最具開創性的學者，其《明夷待訪錄》全面而深刻地批判封建君主之害，具有進步的民主思想。他撰著《明儒學案》「皆從全集纂要鉤玄，未嘗襲前人之舊本。」〔註38〕開創了學案體的新史例，「像這樣有組織的、系統的學術思想史專著，在中國封建社會裡還是第一部。」〔註39〕萬斯同為增補《後漢書》、《三國志》以下，史書無表的窘況，更撰《歷代史表》，深具開創性質，「一覽而歷代王侯世家、將相大臣興廢遷留之歲月，燎然在目。」〔註40〕全祖望續修《宋元學案》，其體例、組織比《明儒學案》有更大的發展，體現了謝山創新的精神。

（三）經世致用

　　清代浙東學派的經世致用主張，是為矯正道學末流空談性命的流弊。黃宗羲強調「經術所以經世」，萬斯同對經世之學作進一步說明，「盡取古今經國之大猷，而一一詳究其始末，斟酌其確當，定為一代之規模，使今日坐而言者，他日可以作而行耳。」〔註41〕邵廷采也主張「以實學發為實用」，因此在其《思復堂文集》中有許多裨益致用的文章。

（四）經史並重

　　黃宗羲主張經史必須貫通，「謂學必源本於經術，而後不為蹈虛；必證明於史籍，而後足以應務。」在黃宗羲這種兼治經史的思想引導下，歷代浙東學人無不

〔註36〕永瑢等纂《四庫全書總目提要・儒林宗派》（台北：臺灣商務印書館，1983年10月）卷58，頁25。

〔註37〕同註7，頁23。

〔註38〕黃宗羲《明儒學案・凡例》（台北：正中書局，1979年10月）卷首。

〔註39〕徐吉軍〈論清代浙東學派的治學特徵〉《史學史研究》（1987年第3期）。

〔註40〕同註27。

〔註41〕萬斯同《石園文集・與從子貞一書》（台北：新文豐出版公司，1989年），頁8。

以研治經史爲原則，黃宗羲本人在經學方面撰有《易學象數論》，自稱研讀過的《周易》傳注就達百餘家。史學有《明史案》、《明文海》、《明儒學案》。萬斯同也博通經史，他早年以治經爲主，尤長於禮，曾助徐乾學撰《讀禮通考》，又有《喪禮辨疑》、《廟制折衷》、《讀禮附論》等書。後來因見老師黃宗羲之史學後繼無人，才改而專攻史學，並以史學名世。全祖望一生雖然多從事歷史文獻的整理，然其經學、文章亦頗有可觀，阮元說：「經學、史才、詞科三者，得一足以傳，而鄞縣全謝山先生兼之。」〔註42〕可見全祖望亦兼擅經學、文詞。

（五）重視文獻

　　重視歷史文獻，並且付諸行動整理古代文獻，是浙東學人的重要特色之一。梁啓超說：「明、清之交各大師，大率都重視史學—或廣義的史學，即文獻學。試一閱亭林、梨洲、船山諸家著述目錄，便可以看出這種潮流了。」〔註43〕黃宗羲曾閱明代文集二千餘家，最精熟明代史事，因此整理故國文獻輯爲《明史案》、《明文海》。萬斯同傳其師之史學，「於有明十五朝之實錄，幾能成誦；其外邸報、野史、家乘，無不遍覽熟悉。」其所纂輯之《明史稿》，爲編修《明史》之底本，斯同之保存、傳述明代文獻，實功不可沒。邵廷采平日對明末遺事最留心搜訪，曾輯《東南紀事》、《西南紀事》二書，保存南明之史料文獻。全祖望一生都用在歷史文獻的搜集與整理上，他七校《水經注》，辨析經注之混淆，使其殆復舊觀；又三箋《困學紀聞》，見解精闢，勝於閻、何兩家舊箋本；此外，全祖望又繼承黃、萬、邵之事業，以表彰故國先烈，宏揚鄉里儒哲爲己任，著述了大量的碑銘、墓誌、傳記，使五百年浙東文獻之傳，得以大彰於世。

三、浙東學術對邵晉涵之影響

　　浙東自古即是人文薈萃，文化燦爛的地區，邵晉涵的家鄉浙江餘姚，是浙東文化最早發展的地區之一，從漢唐開始，就不斷有學者在此地傳播發揚各種學說與思想。明末清初，黃宗羲開創浙東學派，奠定經、史研究的規模，自此浙東學派一脈傳承，具有共同的治學傳統與學術理念，然後各因際遇、所好，表現爲不同的成就與貢獻，即如章學誠所比喻的：「雖出於一，而面目迥殊，以其各有事事故也。」〔註44〕是以黃氏以降，萬斯大、斯同、邵廷采、全祖望、邵晉涵、章學誠之浙東傳承關係，殆無疑義。然自金毓黻倡論「章、邵兩氏，異軍特起，自致

〔註42〕阮元《揅經室二集・全謝山先生經史問答序》（上海：商務印書館，1936年），頁321。
〔註43〕同註17，頁124。
〔註44〕同註7。

通達，非與黃、全諸氏有何因緣。」〔註45〕金氏之說，不乏附和者；〔註46〕然舊說鑿鑿，似乎又不可移易。邵晉涵與浙東學派之關係遂產生承傳上的疑問，究竟二雲與黃、萬、邵、全等浙東先輩關係如何？他到底有無受到浙東學術的感染？浙東學術又對他的治學方法、過程、成就有何影響？這些問題是吾人研究二雲之思想淵源時，所不能不釐清的問題。

　　邵晉涵與浙東學派的關係，可從兩方面證明之。首先，二雲是由其從祖邵廷采與黃宗羲產生學術關聯的。廷采與二雲的祖父向榮之九世祖相同，兩人並相友善，向榮曾隨廷采學古文法，以兄禮事之，所以向榮非常了解廷采的學問與人格。邵晉涵從小追隨祖父讀書，從祖父處得知廷采之行事，爲作〈族祖念魯先生行狀〉，〔註47〕從向榮與廷采交往的關係看來，二雲〈行狀〉所述的眞實性是相當高的。在〈行狀〉裡，可以發現廷采一生與黃宗羲有多次學術的傳授與接觸：〔註48〕

　　　　從同邑黃宗羲問乾鑿度算法。

　　　　少時作《觀心錄》一卷，宗義規之曰：『近名者弗爲。』輒毀之。

　　　　先生好從遺老訪明亡故事，宗義授以《海外錄》、《行國錄》，因倣袁

　　　樞體作《東南紀事》。

邵廷采曾向黃宗羲請教曆算問題，又因黃氏的規勸，毀棄辛苦完成的著作，由此可見黃氏對廷采的影響力。《東南紀事》是廷采史學成就最重要的兩部書之一，也受黃氏指導成編。由廷采與黃宗羲的這些關係看來，即使廷采未正式拜師，其受宗羲影響之大，自不待言，因此給廷采一個私淑弟子的稱號，並不過分。〔註49〕二雲雖未及得廷采之親炙，然祖父向榮是廷采之學生，二雲自小即跟隨祖父讀書，因此從祖父處承襲了廷采學問，通過廷采、向榮，邵晉涵間接承續了黃宗羲之教。

　　不過邵晉涵之學術思想，更多部分是出自於宗仰清初浙東先賢而來，這個說法

〔註45〕金毓黻《中國史學史》（台北：漢聲出版社，1972年10月），頁252。
〔註46〕何冠彪《明末清初學術思想研究》（台北：台灣學生書局，1991年2月）〈邵廷采三題〉、〈清代浙東學派問題平議〉二文，俱以金氏說法爲準則，否認邵晉涵與浙東學派之傳承關係。
〔註47〕邵晉涵《南江文鈔》（上海：上海古籍出版社，1995年）卷10，頁47〈族祖念魯先生行狀〉：「先生與先王父同九世祖，先王父嘗問古文法於先生，兄事之，……晉涵逮事王父，故得聞先生遺事甚詳。」
〔註48〕同註47，頁44、45、47。
〔註49〕同註6，頁324：「康熙間，黃氏（筆者按：黃氏指黃宗羲）除甬上弟子外，餘姚的邵廷采也很值得留意。邵氏出身於爲黃氏所看不起的姚江書院派，但邵廷采本人爲黃氏所接納。邵氏曾幾次向黃氏問學，其政治思想、理學、史學、文學，無不滲透了浙東學派的"精神血脈"。他如不算黃氏及門弟子，起碼給個"私淑弟子"稱號是絕對不過份的。」

在乾、嘉、道年間，已成篤論。如：

錢大昕：「君生長浙東，習聞蕺山、南雷諸先生緒論，于明季朋黨、奄寺亂政，及唐、魯二王起兵本末，口講手畫，往往出於正史之外。」〔註50〕

洪亮吉：「君又病《宋史》是非失實，且久居山陰四明之間，習聞里中諸老先生緒言，遂劬為《南都事略》一編。……熟精前明掌故，每語一事，輒亟稱劉先生宗周、黃處士宗羲，蓋君史學所本，而又心儀其人，欲取以為法者也。」〔註51〕

章學誠：「南宋以來，浙東儒哲講性命者，多攻史學，歷有師承。宋明兩朝記載，皆稿薈於浙東，史館取為衷據，其閒文獻之徵，所見所聞，所傳聞者，容有中原耆宿不克與聞者矣。……君才尤長於史，自其家傳鄉習，聞見迥異於人，及入館閣，肆窺中秘，遂如海涵川匯，不可津涯。」〔註52〕

王昶：「浙東自明中葉，王陽明先生以道學顯，而功業風義兼之；劉念臺先生以忠直著，大節凜然；及其弟子黃梨洲先生，覃研經術，精通理數，而尤博洽於文辭。君生於其鄉，宗仰三先生，用為私淑，故性情質直貞亮，而經經緯史，涉獵百家，略能誦憶。……議論史事上下古今，則飆發風舉凡古來政事之得失，人才之消長，君子小人之元黃水火，莫不決其弊之所由始，與害之所由終，俱與三先生之說相同。」〔註53〕

阮元：「先生本得甬上姚江史學之正傳，博聞彊記，于宋明以來史事最詳。」〔註54〕

陳壽祺：「浙東自南宋以來，文獻薈集，綿延五、六百年，勝國遺聞軼事，若唐、魯二王始末，及抱節忠義之士，往往未著竹帛，為中原耆宿所不預聞。自梨洲、季野、謝山諸老，皆曠世逸才，博洽彊記，轉相口授，以逮於先生，先生歿而舊聞絕矣。」〔註55〕

錢大昕、章學誠、洪亮吉、王昶皆與二雲熟識，或師或友，相交數十年，因此他們

〔註50〕 錢大昕《潛研堂文集・日講起居注官翰林院侍講學士邵君墓誌銘》（上海：商務印書館，1936 年 7 月），頁 689。

〔註51〕 洪亮吉《詩卷閣文甲集・邵學士家傳》（台北：世界書局，1964 年 2 月），頁 168～169。

〔註52〕 同註 7，卷 18，頁 6〈邵與桐別傳〉。

〔註53〕 王昶〈翰林院侍講學士充國史館提調官邵君晉涵墓表〉，《國朝耆獻類徵初編》（台北：明文書局，1985 年），頁 16。

〔註54〕 阮元〈南江邵氏遺書序〉，《南江文鈔》（上海：上海古籍出版社，1995 年）卷首。

〔註55〕 同註 47，卷首，陳壽祺〈南江詩文鈔序〉。

了解二雲之學術淵源、人格特質，是最直接也最眞實的。在二雲歿後，眾人所撰寫的墓誌、家傳、別傳中，幾乎一致地提到二雲習聞、宗仰王陽明、劉蕺山、黃宗羲的思想學說、功業成就，因此「心儀其人」，而又「取以爲法」，所以二雲之學說完全「與三先生之說相同」。阮元稍後於二雲，在京師時曾從二雲問學，對二雲亦知之甚深；陳壽祺與二雲弟子金匱孫相友，道光年間，金氏囑壽祺覆審《南江詩文鈔》，而作是序，是壽祺從金氏處又詳知二雲行事，於是阮元、陳壽祺之說，亦足可探信。從上述諸人之說論之，二雲之學術淵源自浙東學派，其治學方法亦屬浙東一路是毫無疑問的。

　　二雲之學既出於清初浙東學派，因此其求學方法、研究特徵、著述心態都與浙東學派之特色不謀而合。浙東學術之特色在博覽兼采、貴在創新、經世致用、經史並重、重視文獻。邵晉涵於學「無所不通」，〔註56〕「四部七錄，無不研究」。〔註57〕這些評語並非過譽，試看二雲存目之著作：《爾雅正義》、《孟子述義》、《穀梁古注》、《儀禮箋》、《南都事略》、《續通志・金石略》、《南江札記》、《南江文鈔》、《南江詩鈔》、《方輿金石編目》，此外二雲又輯佚《舊五代史》、《九國志》，參與編纂《續資治通鑑》、《杭州府志》、《餘姚縣志》是其在經學、史學、詩文、金石、輯佚、考異、方志等方面都卓然有成，比浙東先賢之博通也絲毫不遜色。二雲重疏《爾雅》時，雖以郭注爲底本，但不專主郭注，而是兼采諸家古注，是其不拘守一家之表現。又爲避免邢昺《爾雅疏》僞陋之弊，二雲之《爾雅正義》創立了六項注疏體例，此後爲《爾雅》作注者，大抵不出二雲之規模。二雲爲史書作提要時，往往不因襲舊家史評，遽予論定史書之優劣，而是能衡情度勢，作出合情合理的批評。又認爲史書應該依照社會風氣立傳，但是若風尙習俗已異於前代，也不必墨守成法，可對傳次作出刪削。其改作《宋史》也是別出心裁，書稱《宋志》，以明與《宋史》之不同撰述宗旨。凡此皆可見二雲博學、兼采諸家之長，而又具有創新的精神。

　　二雲於學，也強調必須有裨於世用，所以他在四庫提要中主張史書紀載要從實，忠實地反映歷史的本來面目，論述史家修史義例在闡明治亂之原、獎勸立功之臣、表彰社會風教，並須保存一代興廢之蹟。阮元稱二雲「經學、史學竝冠一時」〔註58〕王昶也說他「經經緯史，涉獵百家，略能誦憶。」〔註59〕覽二雲經史著述之豐富，雖或存或佚，蓋可見二雲兼治經史之成果。整理、重視古代文獻，是清代浙東學人

〔註56〕同註7，卷18，頁6〈邵與桐別傳〉。
〔註57〕同註50，頁686。
〔註58〕同註54。
〔註59〕同註53。

之一大特色，觀二雲一生之學術活動，疏《爾雅》、輯《舊五代史》、改纂《宋史》、重注《孟子》、《穀梁》、《儀禮》、編《續通志・金石略》、《杭州府志》、《餘姚縣志》、修《續資治通鑑》、爲史書作提要，都集中在古籍文獻的整理工作上。從二雲之學術活動、成就、貢獻看來，二雲爲學宗旨淵源自黃、萬、邵、全等人，確不愧爲浙東嫡傳。

第四章　邵晉涵之注疏學

　　注疏是解釋古籍的文字。注疏學，就是注解典籍文獻的學問。我國是一個文化綿長的文明古國，許多古代的文獻雖然都流傳下來，但是因為時間距離今日太遙遠了，當時所使用的文字、著作的意義，若不經過注釋，就無法使人明白其中涵義，於是產生了注疏學。注疏的名稱有傳、注、疏、箋、正義、章句、集解等，名稱雖多樣，只是「為了避免彼此重複，發生誤會，也為了稱說和引用方便。其體例意義則大同小異，並沒有什麼根本區別。」〔註1〕

　　邵晉涵的注疏學著作，主要集中在經學。二雲經學造詣湛深，尤其是精於《春秋》三傳與《爾雅》。〔註2〕關於《春秋》學的研究，乾隆五十六年（1791）詔刻十三經於太學，以唐開成石經為依據，再用其他版本參校，當時二雲負責《春秋》三傳的校勘，「所正字體，亦較他經獨多」，〔註3〕此外，他又撰寫了《穀梁古注》；《詩經》學方面，二雲輯有《韓詩內傳考》；禮學方面，二雲也有為《儀禮》、〔註4〕《大戴禮記》、《小戴禮記》〔註5〕作箋注的計畫；《孟子》方面，二雲認為孫奭疏「僞而陋」，〔註6〕有重新注解《孟子》的想法；《爾雅》方面，因對邢昺《爾雅疏》的不

〔註 1〕　楊燕起、高國抗《中國歷史文獻學》（北京：北京圖書館出版社，1997 年 12 月），頁 219。

〔註 2〕　洪亮吉《詩卷閣文甲集》（台北：世界書局，1964 年 2 月）卷 9，頁 168〈邵學士家傳〉：「君于經，深三傳、《爾雅》。」

〔註 3〕　同註 2，頁 169：「分校石經，君職《春秋》三傳，所正字體，亦校他經獨多。」

〔註 4〕　邵晉涵《南江文鈔》（上海：上海古籍出版社，1995 年）卷 8，頁 4〈與吳衣園書〉：「新輯《爾雅正義》已具草稿，三年可繕清本。《孟子述義》、《儀禮箋》當次第成之。」

〔註 5〕　同註 4，頁 6〈與朱笥河學士書〉：「欲俟《爾雅正義》成書之後，取《大戴記》曾子十篇、《小戴記》子思子四篇，別為之註。」

〔註 6〕　同註 4，卷首，阮元〈南江邵氏遺書序〉。阮元曾述及二雲重新注解《孟子》的想法：「先生又曾語元云：『孟子疏僞而陋，今亦再為之。』」

滿，而撰著《爾雅正義》。對於二雲經學注疏的成績，洪亮吉讚譽說：「《孟子述義》、《穀梁古注》、《韓詩內傳考》，並足正趙岐、范甯及王應麟之失，而補其所遺。」〔註7〕可見這幾部經學注疏作品有很高的價值，可惜都沒有流傳下來，僅在《南江札記》存有《春秋左氏傳》札記213條，《穀梁傳》札記14條，《孟子》札記375條，《儀禮》札記34條，是當時爲注解經書所作的草稿。〔註8〕至於《大戴禮記》、《小戴禮記》的注疏成果，則沒有留下任何相關資料。《爾雅正義》一書因在邵晉涵生前已成書，並付之剞劂，是他僅存的注疏學著作，因此要探究邵晉涵在注疏學上之成就與貢獻，只能經由《爾雅正義》了。

第一節　撰著《爾雅正義》之緣起

《爾雅》是我國古代第一部詞典，總集了先秦至西漢時期的訓詁資料，爲現存最早的訓詁學專著，也是唯一被列爲儒家經典的小學著作。「是我國古代重要的經書之一，也是我國古代語言文字的重要文獻。自其問世以來，受到了歷代學者的重視，將其譽之爲閱讀經書的"戶牖""要津""梯航""襟帶"，把它作爲治經學的工具。」〔註9〕《爾雅》的內容極爲豐富，包括古代祭祀、親屬稱謂、宮室建築、器具用品、音樂樂器、天文曆法、地理概況、植物特性、動物種類等方面，不但有助於我們去瞭解古代的社會文化，也是我們考證、研究古代社會的重要資料。現存的《爾雅》共有十九篇，〔註10〕二千零九十一條，共解釋四千三百多個詞語。

《爾雅》的原文解釋簡略，不易讀懂，自東漢以後就有注家。根據郭璞的《爾雅注‧序》，在晉朝以前有十餘家注本，〔註11〕然今有目可考者僅有犍爲文學、劉歆、樊光、李巡、孫炎五家，〔註12〕而且這五家舊注都已亡佚，從後人所輯錄的零簡殘

〔註7〕同註2。

〔註8〕《南江札記‧邵晉涵傳》（台北：大華印書館，1968年）卷首，頁2：「札記卷一穀梁，卷三孟子，皆旁引眾義，不下己意，類焦里堂長編，當爲兩書稿草；餘則標舉異同。」

〔註9〕顧廷龍、王世偉《爾雅導讀》（成都：巴蜀書社，1990年1月），頁1。

〔註10〕十九篇的篇目分別爲〈釋詁〉、〈釋言〉、〈釋訓〉、〈釋親〉、〈釋宮〉、〈釋器〉、〈釋樂〉、〈釋天〉、〈釋地〉、〈釋丘〉、〈釋山〉、〈釋水〉、〈釋草〉、〈釋木〉、〈釋蟲〉、〈釋魚〉、〈釋鳥〉、〈釋獸〉、〈釋畜〉。

〔註11〕郭璞注、邢昺疏《爾雅注疏‧序》（台北：藝文印書館，1997年8月），卷首，頁5：「雖注者十餘，然猶未詳備，並多紛謬，有所漏略。」是郭氏所見舊注，實有十餘家。

〔註12〕魏徵《隋書》（新校本）（台北：鼎文書局，1975年3月），頁937〈經籍志〉：「《爾雅》三卷。漢中散大夫樊光注。梁有漢劉歆、犍爲文學、中黃門李巡《爾雅》各三

篇來看，這些注解仍然極有價值，不應輕言廢棄。晉朝郭璞的《爾雅注》爲現存最早且完整的注本，是《爾雅》注本中最著名，影響最大的一部，受到歷代學者的稱許，成爲後世各家所共同遵循的主要注本。唐陸德明的《爾雅音義》與宋邢昺的《爾雅疏》，都是以郭注爲宗。南朝時期的《爾雅》注家主要有沈旋《集注爾雅》、謝嶠《爾雅音》、施乾《爾雅音》、顧野王《爾雅音》。唐宋時期的《爾雅》注家，在陸德明、邢昺之外，尚有裴瑜《爾雅注》、陸佃《爾雅新義》、鄭樵《爾雅注》、羅願《爾雅翼》。元、明兩代，經學踵繼兩宋的性理學風，《爾雅》的研究成果並不豐碩，〔註13〕沒有值得稱述的注本。在清代之前，其他注家的地位都不如郭璞《爾雅注》、陸德明《爾雅音義》與邢昺《爾雅疏》來得重要。今本《十三經注疏》之《爾雅》係採用郭璞的《爾雅注》與邢昺的《爾雅疏》，其重要性與影響層面之廣，不言可知。清代考據學蓬勃發展，小學大興，清儒諸家都十分重視《爾雅》，並產生了許多研究《爾雅》的著作，包括校勘文字、疏證補箋、考釋名物、輯佚舊注、訓解音讀字義等，卷帙累疊，成果相當可觀。〔註14〕

　　清代的《爾雅》學研究非常昌盛，相關著作如雨後春筍般紛紛出現，然而其中最重要且具開創性的著作，當屬邵晉涵所著的《爾雅正義》。《爾雅》是我國最早的訓詁專著，邵晉涵對此書備極推崇。〔註15〕他在研究學術的過程當中也深感《爾雅》

卷，亡。」「《爾雅》七卷，孫炎注。」又陸德明《經典釋文》（新校索引本）（台北：學海出版社，1988 年 6 月）卷 1，頁 34～35：「犍爲文學注三卷，劉歆注三卷，樊光注六卷，李巡注三卷，孫炎注三卷。」

〔註13〕黃侃《黃侃論學雜著・爾雅略說》（台北：台灣中華書局，1969 年 8 月），頁 384：「元、明兩代，治《爾雅》者寥寥，其見於《經義考》、《小學考》者，數家而已。」

〔註14〕同註9，頁 110～134。顧廷龍等人將邵晉涵《爾雅正義》和郝懿行《爾雅義疏》以外，清人研究《爾雅》之書目分爲四類：輯佚類，如：余蕭客《古經解鉤沉・爾雅》、臧庸《爾雅漢注》、黃奭《爾雅古義》、馬國翰《玉函山房輯佚書・經編・爾雅類》。校勘類，如：盧文弨《經典釋文考證・爾雅音義》、阮元《爾雅注疏校勘記》、王引之《經義述聞・爾雅》、江藩《爾雅小箋》、錢坫《爾雅釋地四篇注》與《爾雅古義》、胡承珙《爾雅古義》、嚴元照《爾雅匡名》、俞樾《爾雅平議》、朱亦棟《爾雅札記》。補正類，如：翟灝《爾雅補郭》、劉玉麟《爾雅補注殘本》、潘衍桐《爾雅正郭》、王樹枏《爾雅郭注佚存補訂》、張宗泰《爾雅注疏本正誤》、王念孫《爾雅郝注刊誤》。音義類，如：姚正文《爾雅啓蒙》、孫侃《爾雅直音》、嚴可均《爾雅一切注音》、徐孚吉《爾雅詁》、龍啓瑞《爾雅經注集證》、王闓運《爾雅集解》、黃世榮《爾雅釋言集解后案》、尹桐楊《爾雅義證》。

〔註15〕邵晉涵《爾雅正義・序》（台北：漢京文化事業有限公司，1990 年）卷首。二雲推崇《爾雅》說：「其爲書也，重辭累言，而意恉同受。依聲得義，而假借相成。宮室器用之度，歲時星辰之行，州野山川之列，卉木蟲魚鳥獸之散珠，或因事以爲名，或比類以合誼。其事則觀指而可識，其形則隨象而可見。通貫六書，發揮六藝。聚類同條，雜而不越。敷繹聖訓，則天地萬物之情著矣。揚於王廷，則宣教明化之用

的重要性，是治經不可或缺的工具，他說：「《爾雅》者，六藝之津梁。」又說：「晉涵少蒙義方，獲受雅訓。長涉諸經，益知爾雅爲五經錧鎋。」〔註16〕這段話清楚地表示，二雲將《爾雅》看成是治五經的關鍵，這也是乾嘉學者通經必先明訓詁的思想體現。

　　對於現存最早的注本—郭璞《爾雅注》，邵晉涵也給予很高評價，〔註17〕但是自漢晉以來的傳本，經注文字多有訛誤謬舛。乾隆三十六年（1771），二雲剛考中進士，尚未被徵入四庫全書館，他與好友章學誠、洪亮吉、黃景仁等，在安徽學使朱筠的幕府中作客，朱筠勉勵他修治雅學說：「經訓之義荒久矣！雅疏尤蕪陋不治，以君之奧博，宜與郭景純氏先後發明，庶幾嘉惠後學。」〔註18〕除了受到朱筠的啓發和鼓勵，二雲對邢昺《爾雅疏》也早有不滿：「邢氏疏成於宋初，多掇拾《毛詩正義》，掩爲己說。間采《尙書》、《禮記正義》，復多闕略。南宋人已不滿其書，後取列諸經之疏，聊取備數而已。」〔註19〕又〈與程魚門書〉：「邢《疏》爲官修之書，勦襲孔氏《正義》，割裂缺漏，視明人修《大全》不甚相遠。」〔註20〕因此在乾隆三十六年冬，二雲開始撰寫《爾雅正義》，以郭注爲宗，著手對《爾雅》重新疏釋，「先正六書，次述古義。多引唐以前諸儒之說。」〔註21〕《正義》的初稿大約作於二雲「成進士以後，未入館以前」，〔註22〕即乾隆三十六年到三十八年（1773）之間。乾隆三十八年，四庫館開，二雲受徵入館參校，有機會閱覽皇室所收藏的孤籍秘典，得以增益其舊聞，廣博其識見，〔註23〕對其編撰《爾雅正義》助益甚多。至乾隆四十年（1775），全書已初具規模。此後，二雲「舟車南北，恆用自隨。意有省會，仍多點竄。十載于茲，未敢自信。」〔註24〕直到乾隆五十年（1785）才寫成定稿，可見二雲對《正義》編集、修改用力之勤。

　　　遠矣。」
〔註16〕同註15。
〔註17〕同註15。「郭景純明於古文，研覈小學，擇撢羣藝，博綜舊聞，爲爾雅作註。援據經傳，以明古訓之隱滯。旁采謠諺，以通古今之異言。制度則準諸禮經，藪澤則測其地望。銓度物類，多得之目驗。故能詳其形聲，辯其名實。詞約而義博，事覈而旨遠。蓋舊時諸家之註，未能或先之也。」
〔註18〕章學誠，《章氏遺書‧邵與桐別傳》（台北：漢聲出版社，1973年1月），卷18，頁6。
〔註19〕同註15。
〔註20〕同註4，卷8，頁1〈與程魚門書〉。
〔註21〕同註4，卷8，頁1〈與程魚門書〉。
〔註22〕同註2。
〔註23〕同註15，「維時盛治右文，翊經惇學。秘簡鴻章，彙昭壁府。幸得以管闚錐指之學，觀書石室。聞見所資，時有增益。」
〔註24〕同註15。

第二節　撰著《爾雅正義》之體例

　　邵晉涵撰著《爾雅正義》花費了許多時間和精力,「一字未定,必反覆講求,不歸于至當不止。」〔註25〕為求疏解能達於至當,二雲殫思十年,「凡三、四易稿而始定」。〔註26〕吾人從二雲與朋友往還的書信中,可見其寫作《正義》時態度之謹慎:

　　　　日取《九經正義》讀之,勉力為《爾雅》疏,其義之創獲者,如呬息也。……草木蟲魚,以今名釋古訓,惟《玉篇》為可信。陸、羅多億必之說,乏蓋闕之義。慎取一二,不敢盡從也。〔註27〕

　　　　晉涵見聞淺隘,又立說必本前人,不敢臆決。偶有所得,敢質言之。如翦,勤也。翦當作踐,有鄭註《玉藻》可證。順,陳也,當引《坊記》引君陳曰:「女乃順之於外。」但漢儒未有言者,疑不敢定。〔註28〕

　　　　近思撰《爾雅正義》,先取陸氏《釋文》是正文字。繼取《九經註疏》為邢氏刪其勦襲,補其缺漏,次及於佚書、古義,周秦諸子,暨許、顧、陸、丁小學諸書。〔註29〕

從二雲這些書信看來,可見他在撰寫《正義》時嚴謹認真的態度,主張言必有據,絲毫不敢有臆測之說。二雲在乾隆五十年（1785）完成《爾雅正義》二十卷,今日流傳有兩種版本,一為乾隆五十三（1788）年,餘姚邵氏家塾面水層軒刻本,《續修四庫全書》即根據此本影印刊行。另一版本為根據清道光九年（1829）廣東學海堂刊本,三家《皇清經解》:藝文版、復興版、漢京版,都是將學海堂刊本重新排版影印。因為《爾雅正義》在邵晉涵生前已成書並付梓,所以版本雖有差異,內容卻無甚差別。唯乾隆五十三年的邵氏家塾原刻本與隔年重校本,在《爾雅正義》二十卷後,多附錄了唐代陸德明所撰的《爾雅釋文》三卷。

　　《爾雅正義》依照《爾雅》十九篇分卷,〈釋詁〉因文多,卷分上下,故總為二十卷。各條皆先列經文,次敘郭注,後載正義之文。其著述之體例,邵晉涵於自序中已有明言,黃季剛〈爾雅略說〉分析歸納為六點:一曰,校文。二曰,博義。三曰,補郭。四曰,證經。五曰,明聲。六曰,辨物。〔註30〕胡楚生《訓詁學大綱》〔註31〕、

〔註25〕　同註2。
〔註26〕　錢大昕《潛研堂文集·日講起居注官翰林院侍講學士邵君墓誌銘》（上海:商務印書館,1936年7月）,頁686。
〔註27〕　同註4,卷8,頁7~8〈與朱笥河學士書〉。
〔註28〕　同註4,卷8,頁9~10〈與朱笥河學士書〉。
〔註29〕　同註4,卷8,頁15〈上錢竹汀先生書〉。
〔註30〕　同註13。
〔註31〕　胡楚生《訓詁學大綱》（台北:蘭台書局有限公司,1985年9月）,頁266~270。

馬重奇《爾雅漫談》〔註32〕皆承襲其說而闡發之。雲維莉也根據邵序歸納其體例六點：一、校補經注訛脫。二、間采諸家古注。三、考補郭注未詳。四、博引證明郭注。五、發明古音古義。六、辨別生物名實。〔註33〕盧國屏《清代爾雅學》〔註34〕大略同之。細觀黃季剛與雲維莉兩者之說，並無內容上實質的差異，僅為敘述之詳略不同而已。今據邵晉涵自序所言，參以黃氏、雲氏之分析所得，分論《爾雅正義》著述之凡例六點，並舉證於後，以明其著書之體例宗旨。

一、校補經注訛脫

〈爾雅正義序〉：「爾雅為五經錧鎋，而世所傳本，文字異同，不免訛舛。郭註亦多脫落，俗說流行，古義寖晦。爰據唐石經、暨宋槧本及諸書所徵引者，審定經文，增校郭註。仿唐人正義，繹其義蘊，彰其隱賾。」《爾雅》由於歷代的傳刻，經文與注文常有訛誤脫落，因此二雲的首要工作是校正《爾雅》的經注文字，以唐代石經與宋代刻本為主，並利用諸書所引的有關內容，以增補審定經文和郭註之訛舛，文字正確後，義例才能得到申明。如：

（一）《爾雅·釋天》：「雨霓為霄雪。」

　　《郭注》：「詩曰：『如彼雨雪，先集維霰。』霰，冰雪雜下者，故謂之霄雪。」

　　《爾雅正義》：「監本作謂之霄雪，今從宋本。」〔註35〕

　　案：監本郭注作「謂之霄雪」，二雲依照宋本改正為「謂之消雪」。此處是以宋本改正監本郭注之訛字。

（二）《爾雅·釋草》：「孟狼尾。」

　　《郭注》：「似茅，今人亦以覆屋。」

　　《爾雅正義》：「監本作盂，今從宋本作孟。」〔註36〕

　　案：監本〈釋草〉經文原本作「盂狼尾」，二雲根據宋本改為「孟狼尾」。此處以宋本改正監本經文之訛字。

（三）《爾雅·釋木》：「唐棣栘。」

　　《郭注》：「今白栘也，似白楊，江東呼夫栘。」

〔註32〕馬重奇《爾雅漫談》（台北：頂淵文化事業有限公司，1997年8月），頁166～168。

〔註33〕雲維莉〈爾雅正義與爾雅義疏之比較研究〉，《南洋大學中國語文學報》第二期（1969年），頁51～65。

〔註34〕盧國屏《清代爾雅學》（台北：國立政治大學中文研究所碩士論文，1987年），頁183～193。

〔註35〕同註15，卷512，頁15。

〔註36〕同註15，卷517，頁5。

《爾雅正義》：「今各本《郭註》俱脫『今白桳也』四字。《詩疏》及《詩釋文》引《郭註》皆有之。《齊民要術》引《郭註》作白桳，似白楊，蓋已有刪節也，今據《詩疏》增補。」〔註37〕

案：各種版本郭注俱無「今白桳也」，二雲認為《詩疏》及《詩釋文》徵引郭注皆有此四字，因此增入。此處以諸書所徵引之原文，增補郭注之文字脫落。

二、兼采諸家古注

〈爾雅正義序〉：「竊以釋經之體，事必擇善而從，義非一端可盡。漢人治爾雅，若舍人、劉歆、樊光、李巡、孫炎之註，遺文佚句，散見群籍。梁有沈旋集註、陳有顧野王音義、唐有裴瑜註，徵引所及，僅存數語。或與郭訓符合，或與郭義乖違。同者宜得其會通，異者可博其旨趣。今以郭氏為主，無妨兼采諸家。分疏於下，用俟辯章。」關於《爾雅》的注解，二雲認為解釋經書必須擇善而從之，因此他並不專主任何一家舊注，而是以郭璞注為主要依據，並兼採舍人、劉歆、樊光、李巡、孫炎、沈旋、顧野王、裴瑜等人的注解。與郭注相同者，適可相互會通；與郭注釋義互異者，仍分疏其下，用以辨證。在諸家眾多的注解中，二雲並非毫無檢擇的全部收錄，而是經過其苦心選取，擇有價值之說，以避免繁瑣龐雜之弊。然書成之後，有病其略者，二雲嘗謂：「此書苦心，不難博證，而難於別擇之中，能割所愛耳。」〔註38〕是世人不明其以約馭博之專家宗旨。如：

（一）《爾雅・釋言》：「佻，偷也。」

《郭注》：「謂苟且。」

《爾雅正義》：「左氏昭十年傳云：『佻之謂甚矣。』疏引李巡云：『佻，偷薄之偷也。』論語云：『則民不偷。』包氏云：『不偷薄也。』俱訓為薄，與郭異。……《左傳》疏引孫炎云：『偷，苟且也。』郭註本孫炎。」〔註39〕

案：二雲此處採用李巡、孫炎之釋義，並說明郭璞之注文乃本之於孫炎。

（二）《爾雅・釋鳥》：「爰居雜縣。」

《郭注》：「《國語》曰：『海鳥爰居，漢元帝時，琅邪有大鳥，如馬駒，時人謂之爰居。』」

《爾雅正義》：「爰居一名雜縣。《釋文》引李巡云：『爰居，海鳥也。』樊光云：

〔註37〕同註15，卷518，頁16。
〔註38〕同註18，頁9。
〔註39〕同註15，卷506，頁8。

『似鳳凰。急就篇謂之乘風。』」〔註40〕

案：郭注解釋爰居爲海鳥名，其外形如馬駒，二雲引李巡之說與郭注互相證
明。又另採樊光之異說，爰居外形似鳳凰，一名「乘風」。並採郭、樊之
異注，以供讀者參酌。

（三）《爾雅‧釋畜》：「騉駼枝蹄趼，善陞甗。」

《郭注》：「騉駼亦似馬而牛蹄。」

《爾雅正義》：「《釋文》引李巡云：『騉駼，其迹枝平似趼，亦能登高歷危險也。』
孫炎云：『騉駼之馬，枝蹄如牛而下平。』皆以騉駼爲馬名也。《釋文》又引舍
人云：『騉駼，外國之名，枝蹄者，枝足也。』與李、孫異義。」〔註41〕

案：李巡、孫炎皆以騉駼爲馬名，舍人卻認爲是外國之馬名，二雲間採兩說，
以供讀者檢視參酌。

三、考補郭注未詳

〈爾雅正義序〉：「郭注體崇矜慎，義有幽隱，或云未詳。今考《齊》、《魯》、《韓
詩》、馬融、鄭康成之《易註》、《書註》，以及諸經舊說，會萃群書，尚存梗槩。取
證雅訓，辭意瞭然。其跡涉疑似，仍闕而不論。確有據者，補所未備。」二雲認爲
郭注釋義解文，態度非常謹慎，遇有幽隱不明之處，往往都說「未詳」、「未聞」。二
雲於是考釋搜羅《齊詩》、《魯詩》、《韓詩》與馬融、鄭康成的《易註》、《書註》，以
及諸經舊說，針對郭注未詳的 142 處加以補釋。確有證據者，則可補郭注之未備；
若疑似不定者，仍然闕而不論，不敢妄加猜測臆定。由此可見二雲重視證據，以實
證論學的學術精神。如：

（一）《爾雅‧釋詁》：「羕，長也。」

《郭注》：「羕所未詳。」

《爾雅正義》：「羕者，《說文》云：『羕，水長也。』《詩》曰：『江之羕矣。』
《文選》註引韓詩作『江之漾矣。』薛君章句云：『羕，長也。』羕通作養。
夏小正云：『時有養日，時有養夜。』養，長也。」〔註42〕

案：郭注不明「羕，長也」之義，二雲徵引《說文》、《詩》、《文選》、《尚書》
說明「羕」解釋爲「長」之原因。

（二）《爾雅‧釋蟲》：「蛭蝚至掌。」

〔註40〕同註15，卷521，頁11。
〔註41〕同註15，卷523，頁2。
〔註42〕同註15，卷504，頁23。

《郭注》：「未詳。」

《爾雅正義》：「《本草》云：『水蛭，一名至掌。』是蛭蝚即〈釋魚〉所謂蛭蟣也。蛭爲水族而互見於〈釋蟲〉者。蛭之類有草蛭，在深山草中；有石蛭，生石上；有泥蛭，生泥中，是爲蟲類。《論衡・商蟲篇》云：『下地之澤，其蟲曰蛭，蛭食人足。』亦以蛭爲蟲也。」〔註43〕

案：郭注不詳「蛭蝚」之義，二雲引《本草》說明至掌就是水蛭，因此〈釋蟲〉所稱之蛭蝚與〈釋魚〉之蛭蟣乃異名同實。所以蛭蝚即蛭蟣、即水蛭，又名至掌。其互見於〈釋蟲〉、〈釋魚〉，是因爲蛭之種類隨生長環境不同，分水蛭、草蛭、石蛭、泥蛭，皆屬於蟲類，所以蛭蝚被列入〈釋蟲〉。水蛭又爲水族，故也列入〈釋魚〉。

（三）《爾雅・釋魚》：「鮤鱲。」

《郭注》：「未詳。」

《爾雅正義》：「《廣雅》云：『鮇，鮤。』《釋文》引《埤蒼》云：『鮤鱲，鮇也。』則與上文鮇字連屬，然鮇自爲鮂，不聞鮂名鮤鱲也。《廣韻》以鱲爲鰻，更無所據。全祖望云：『即鱘魚也。粵諺曰：三鮤不上銅鼓灘，謂粵鱘不過潯州也。』案：鮤與鱘古音相通，鱘音近鱲，全說爲得之。今鱘魚似鮂而長，色白味腴，肉多細刺，與郭氏釋當魱之形狀相合，是當魱即鱘魚之大者矣。《類篇》云：『其生有時，吳人以爲珍。』」〔註44〕

案：郭注不詳鮤鱲之形狀，二雲引全祖望之說，解釋鮤鱲即爲時人所稱之鱘魚。

四、博引證明郭注

〈爾雅正義序〉：「郭氏多引詩文爲證，陋儒不察，遂謂爾雅專用釋詩。今據《易》、《書》、《周官》、《儀禮》、《春秋三傳》、《大小戴記》，與夫周秦諸子、漢人撰著之書，遐稽約取，用與郭註相證明。俾知訓詞近正，原於制字之初，成於明備之世。久而不墜，遠有端緒。六藝之文，會無隔閡，所以廣古訓也。」因爲《郭注》多引《詩經》證明《爾雅》，後世俗儒不明究裡，竟然以爲《爾雅》是專門釋《詩》之用。二雲爲闢俗說，乃廣泛地徵引搜采《易》、《書》、《周官》、《儀禮》、《春秋三傳》、《大小戴記》、周秦諸子與漢人撰著之書，以與《郭注》互相證明。如：

（一）《爾雅・釋詁》：「怡、懌、悅、欣、衎、喜、愉、豫、愷、康、妉、般，樂也。」

《郭注》：「皆見詩。悅、懌、愉、釋、賓、協，服也。」

〔註43〕同註15，卷519，頁12。
〔註44〕同註15，卷520，頁6。

《爾雅正義》：「悅又爲服者，〈召南·草蟲〉云：『我心則說』。《毛傳》：『說，服也。』《孟子》云：『弔者大悅。』謂弔者皆心服也。懌者，〈小雅·節南山〉云：『既夷既懌。』《毛傳》：『懌，服也。』愉與諭通。《穀梁》僖三年傳云：『諸侯皆諭乎桓公之志。』釋者，〈顧命〉云：『王不懌。』《釋文》云：『馬融本作不釋。』案：古字懌皆作釋，《莊子·齊物論》：『南面而不釋然。』《說文》云：『釋，解也。』《史記》多作醳，是釋爲本字，醳爲或體字，懌爲別體字也。賓者，虞翻《易註》引詩云：『莫敢不來賓。』〈楚語〉云：『其不賓也久矣。』又通作儐。《說文》云：『儐，服也。』鄭註〈天官〉云：『故書儐作賓。』協者，左氏僖二十六年傳云：『謀其不協。』協與賓義同，故鄭註〈樂記〉云：『賓，協也。』……郭以《爾雅》之作多爲釋詩，且詩中備有此文，故云皆見詩。其實六經中所訓亦爾。」〔註45〕

案：郭注解經只云「皆見詩」，另外又說明「悅、懌、愉、釋、賓、協」也解作「服」之義。二雲於是徵引《孟子》、《穀梁》、《尚書》、《釋文》、《莊子》、《國語》、《說文》、《左傳》等書，證明《詩經》之言。

（二）《爾雅·釋詁》：「緝熙、烈、顯、昭、晧、潁、光也。」

《郭注》：「詩曰：『學有緝熙于光明。』又曰：『休有烈光。』」

《爾雅正義》：「〈晉語〉云：『光明之耀也。』《說文》云：『光明也。』緝熙者，〈周語〉引《詩》：『緝熙！亶厥心』而釋之曰：『緝，明也；熙，廣也。』韋昭註引鄭後司農云：『廣當爲光，虞亦如之。』是鄭康成、虞翻俱以熙爲光也。古者光、廣兩字通用，《荀子·禮論》：『積厚者流澤廣。』《大戴禮記》：『流澤光。』故〈釋言〉云：『光，充也。』烈者，《說文》云：『烈火猛也。』〈商頌·長發〉云：『如火烈烈』言其光炎也。顯者，〈周頌·清廟〉云：『肅雝顯相。』《墨子·非命篇》引〈太誓〉曰：『天有顯道。』昭者，《說文》云：『昭，日明也。』〈大雅·既醉〉云：『介爾昭明。』《鄭箋》：『昭，光也。』晧者，《說文》云：『晧，日出貌。』潁者，〈小雅·無將大車〉云：『不出于潁。』本亦作耿，〈立政〉云：『丕釐上帝之耿命。』《孔疏》云：『耿，光也。』」〔註46〕

案：郭注僅引《詩經》爲證，二雲則徵引《國語》、《說文》、《荀子》、《大戴禮記》、《尚書》等，說明「緝熙、烈、顯、昭、晧、潁」皆訓爲「光」。

（三）《爾雅·釋宮》：「閍謂之門。」

《郭注》：「詩曰：『祝祭於祊』。」

〔註45〕同註15，卷504，頁14～15。
〔註46〕同註15，卷504，頁28。

《爾雅正義》：「《釋名》云：『門，捫也，在外爲人所捫摸也。』《左傳》疏引李巡云：『祊故廟中門名也。』〈禮器〉云：『爲祊乎外。』《鄭註》云：『謂之祊者，於廟門之旁因名焉。』是祊爲廟門也，閎本或作祊。」〔註47〕

案：郭注僅引《詩經》「祝祭於祊」，未說明其義。二雲引《左傳》、《禮記》之文，解釋閎或作祊，指廟門。

五、發明古音古義

〈爾雅正義序〉：「聲音遞轉，文字日孳，聲近之字，義存乎聲。自隸體變更，韻書割裂，古音漸失，因致古義漸湮。今取聲近之字，旁推交通，申明其說。因是以闡揚古訓，辨識古文，遠可依類以推，近可舉隅而反，所以存古音也。」從清初開始發展的古音韻學，爲研究古代字義學開拓了一條新途徑。《爾雅》有許多聲近通假之字，能明其音義相通之原理，方能知《爾雅》之字義所在。二雲在《爾雅正義》中，利用了新興的古韻學知識訓釋字詞，不僅擴大古訓，並保存古音。二雲認爲「聲音遞轉，文字日孳，聲近之字，義存乎聲。」所以他往往取聲近之字，旁推交通，以申明其說。乾隆四十九年（1784）二雲爲洪亮吉的古音韻專著《漢魏音》作序，他說：「余嘗病夫後儒說經昧於古音，而使古人之訓詁不明。」「聲相近者即其義」「非古音未由通《雅》訓。」〔註48〕雖然二雲沒有音韻學的相關著作，然而〈漢魏音序〉這幾則精闢的見解，實表現了他在古音韻學上造詣之深。如：

（一）《爾雅·釋詁》：「亹亹、蠠沒，勉也。」

《郭注》：「《詩》曰：『亹亹文王。』蠠沒猶黽勉也。」

《爾雅正義》：「《說文》云：『勉，彊也。』亹亹、蠠沒，以聲轉爲義也。〈繫辭傳〉云：『成天下之亹亹者。』鄭註：『亹亹，沒沒也。』〈禮器〉云：『君子達，亹亹焉。』《鄭註》：『亹亹，勉勉也。』〈周語〉云：『亹亹怵惕。』韋昭註：『亹亹，勉勉也。』〈大雅·棫樸〉云：『勉勉我王。』《荀子》引作：『亹亹我王。』蠠沒轉爲沒沒，又轉爲勿勿。〈曾子立事〉篇云：『君子終身守此勿勿也。』盧辨註：『勿勿猶勉勉也。』〈祭義〉云：『勿勿乎其欲饗之也。』鄭註：『勿勿猶勉勉也。』又轉作密勿，〈小雅·十月之交〉云：「黽勉從事。」《漢書·劉向傳》作『密勿從事。』〈邶風·谷風〉云：『黽勉同心。』《文選》註引《韓詩》作『密勿同心。』《傳》云：『密勿，僶勉也。』是皆聲之轉也。」

〔註47〕同註15，卷509，頁11。
〔註48〕同註4，卷5，頁431〈漢魏音序〉。

〔註49〕

案：二雲說明矕矕、飂沒，皆以聲轉爲義，因此「矕矕」轉爲「沒沒」，又轉
爲「勉勉」。「飂沒」轉爲「沒沒」，又轉爲「勿勿」、「勉勉」，又轉作「密
勿」，其實皆是同義詞。

（二）《爾雅・釋言》：「幕，暮也。」

《郭注》：「幕然暮夜。」

《爾雅正義》：「幕訓爲暮，以聲近爲義也。《左氏》昭十三年傳云：『以幕蒙之。』
《方言》云：『幕，覆也。』《說文》云：『莫，日且冥也，從日在茻中。』暮，
當從《說文》作莫。」〔註50〕

案：二雲說明《爾雅》訓「幕」爲「暮」，乃以聲近爲義。《方言》釋「幕」爲
「覆」，表示覆蓋之後，幽暗看不清楚。「暮」字，《說文》說「從日在茻
中」，表示太陽受到遮蔽，天色即將變暗了。因此「幕」、「暮」二字都有
受到遮蓋之後，變爲幽暗之意。

（三）《爾雅・釋蟲》：「蛾羅。」

《郭注》：「蠶蛾。」

《爾雅正義》：「蛾即爲羅，以聲轉而有二名，猶〈釋草〉以莪爲蘿也。孫炎正
義迺欲以蛾羅分別雌雄，殊爲穿鑿。」〔註51〕

案：二雲說明蛾即是羅，因聲音之遞轉，才產生兩種異稱。孫炎不明其理，以
蛾、羅分別雄雌，實爲穿鑿之說。

六、辨別生物名實

〈爾雅正義序〉：「艸木蟲魚鳥獸之名，古今異稱。後人輯爲專書，語多皮傅。
今就灼知副實者，詳其形狀之殊，辨其沿襲之誤。其未得實驗者，擇其舊說。以近
古爲徵，不敢爲億必之說。」《爾雅》中草、木、蟲、魚、鳥、獸之名，古今稱呼不
同，歷來眾說紛紜，莫衷一是，多有附會之說。二雲對於其中確實有把握的，就詳
細的敘述其特徵，以辨別舊說之襲誤；對於無法驗證清楚的，就擇錄舊注，不敢隨
便猜解。如：

（一）《爾雅・釋草》：「拜，蔏藋。」

《郭注》：「蔏藋亦似藜。」

〔註49〕同註15，卷504，頁25。
〔註50〕同註15，卷506，頁21。
〔註51〕同註15，卷519，頁9。

　　《爾雅正義》：「拜，一名蔏藋。《說文》云：『藋，堇艸也，一曰拜商藋。』〈繫傳〉云：『商藋，俗所謂灰藋也。』案：今灰藋，莖有紅縷，葉銳而青，其背則白，葉有黑點，若著沙矣。四月初生，可食，五月高至數尺，秋開細花，色白，結子如穗。」〔註52〕

　　案：郭注未說明蔏藋之形狀、特徵，二雲解釋拜又名蔏藋，俗稱灰藋，並詳加敘述其外形、開花季節。

（二）《爾雅・釋魚》：「科斗，活東。」

　　《郭注》：「蝦蟆子。」

　　《爾雅正義》：「《釋文》引樊光、孫炎云：『蟾諸子也。』郭以爲蝦蟆子。以蟾諸與蝦蟆同類也。顏師古《急就篇》註云：『科斗即蝦蟆所生子也，未成蝦蟆之時，身及頭並圓而尾長，漸乃變耳。』案：今所在水中有之，春月之暮，蝦蟆眂鳴，科斗乃生，圓首黑體，垂尾如丁，漸乃生足，復蝦蟆之形矣。」
〔註53〕

　　案：郭注只解釋科斗爲蝦蟆之子，未說明其形貌。二雲引《急就篇》註，又根據實際目驗，詳細敘述科斗之生長季節、形狀特徵。

（三）《爾雅・釋獸》：「鼬鼠。」

　　《郭注》：「今鼬似鼬，赤黃色、大尾，啖鼠，今江東呼爲鼪。」

　　《爾雅正義》：「此後世所謂鼠狼也。《說文》云：『鼬如鼠，赤黃而大，食鼠者。』今鼠狼能捕鼠及禽畜，祝雞者患之，或追截其尾。」〔註54〕

　　案：經文所稱之「鼬鼠」，郭注稱爲「鼪」，二雲說即是後世所稱之「鼠狼」，並引《說文》敘述鼠狼之習性、特徵。

第三節　撰著《爾雅正義》之評價

　　邵晉涵《爾雅正義》書成發表之後，立刻獲得士林一致的好評，並得到當代許多著名學者的激賞推崇，「承學之士，多捨邢而從邵矣。」〔註55〕阮元甚至認爲「遠勝邢書，可以立於學官。」〔註56〕洪亮吉作詩贈送二雲：「君疏爾雅篇，訂正五大

〔註52〕同註15，卷517，頁3〜4。
〔註53〕同註15，卷520，頁6〜7。
〔註54〕同註15，卷522，頁15。
〔註55〕同註26。
〔註56〕同註6。

儒。使我心上疑，一日頓掃除。君師錢少詹，精識世所無，吳門及錢唐，復有王與盧，皆言此書傳，遠勝唐義疏。」〔註57〕段玉裁也致書祝賀：「惠賜《爾雅正義》，元元本本，既贍且確，什百邢氏，何待言矣。」〔註58〕章學誠評論說：「足下《爾雅正義》，功賅而力勤，識清而裁密，僕謂是亦足不朽矣。」〔註59〕孫星衍亦謂：「經經自相勘，所失無毫釐，徵信漢魏儒，闕疑不自欺。」〔註60〕上述學者多爲聞名當世的學者，他們對《爾雅正義》如此稱譽，可見此書價值之不同一般。

二雲重疏《爾雅》的初衷，是不滿邢《疏》的譌陋闕略，而《爾雅正義》的內容的確做到優於舊疏的境界，後世學人在評論邢、邵二疏時都承認了這一點：

> 阮元〈爾雅注疏校勘記序〉：「邵晉涵改弦更張，別爲一疏，與邢並行，時出其上。」〔註61〕

> 王力《中國語言學史》：「清邵晉涵作《爾雅正義》，博引群書，於郭氏『未詳』之說多所發揮；於郭氏疏漏之處亦多所補正，其價值遠出邢昺之上。」〔註62〕

> 莊雅州《經學入門》：「清代邵晉涵的爾雅正義、郝懿行的爾雅義疏都是根據郭注所作的新疏，精詳都在邢疏之上。」〔註63〕

足見二雲爲改舊疏譌陋不稱而作《爾雅正義》，已達到他原本預期的目標，使當時學者，紛紛棄邢從邵。清代著名學者錢大昭對邢昺《疏》也深感不滿，〔註64〕因此也有爲《爾雅》作新疏的計劃，他花了數年的時間，廣搜各家之說，但是還未成書，二雲之《爾雅正義》已先出，錢氏對《正義》之精博，甚爲嘆服，認爲與邢《疏》相比，猶如天淵之別。而且其平日所搜采資料，《爾雅正義》大半已經囊括，於是棄其新疏之作，〔註65〕另撰《爾雅釋文補》三卷，以補「陸氏音、邵氏正義之所未備。」

〔註57〕洪亮吉《施卷閣詩》（台北：台灣商務印書館，1979年）卷8，頁272〈邵校理晉涵〉。詩中的錢少詹即錢大昕，「王與盧」是指王鳴盛、盧文弨。

〔註58〕李慈銘《旬學齋日記》（台北：文光圖書公司，1963年），頁19。

〔註59〕同註18，卷9，頁17〈與邵二雲論學〉。

〔註60〕孫星衍《芳茂山人詩錄・中州送邵太史晉涵入都》（台北：台灣商務印書館，1965年）頁203。

〔註61〕同註11，頁12，阮元〈爾雅注疏校勘記序〉。

〔註62〕王力《中國語言學史》（台北：駱駝出版社，1987年7月），頁196。

〔註63〕莊雅州《經學入門》（台北：台灣書店，1997年9月），頁250。

〔註64〕謝啓昆《小學考》（台北：廣文書局有限公司，1969年2月）卷3，頁22～23。錢大昭《爾雅釋文補》自敘云：「北宋邢叔明專疏郭景純注，墨守東晉人一家之言，識已拘而鮮通。其爲書也，又不過鈔撮孔氏經疏、陸氏釋文，是學亦未能過人矣。」

〔註65〕同註64，「餘姚邵太史晉涵《爾雅正義》刻成，郵寄示予，歎其書之精博，不特與邢氏優劣判若天淵，即較之唐人《詩禮正義》，亦有過之無不及。予舊時所留心識記

〔註66〕當時汪中也在考校郭注異同，多於二雲者有四十六事，本欲刊行，見二雲《爾雅正義》出版，遂藏其稿於家。王念孫亦是乾隆間小學大家，精通《爾雅》與《說文》，後因見二雲的《爾雅正義》已屬完善，恥於蹈襲，就不再從事《爾雅》的撰述研究，〔註67〕改而為《廣雅》作疏。

近世訓詁學者多將《爾雅正義》譽為清代《爾雅》學之代表著作：

> 林尹《訓詁學概要》：「清代治雅學者，以邵晉涵《爾雅正義》、郝懿行《爾雅義疏》最為著名。」〔註68〕

> 胡樸安《中國訓詁學史》：「有清一代，用力爾雅，蔚然成巨帙者有二。一邵晉涵之爾雅正義，一郝懿行之爾雅義疏。」〔註69〕

> 濮之珍《中國語言學史》：「邵著是清儒第一個全面研究《爾雅》的佳作。」〔註70〕

> 馬重奇《爾雅漫談》：「清代考據學勃興，清儒樸學家們，十分重視《爾雅》的研究，各有不同的貢獻。其中以邵晉涵的《爾雅正義》和郝懿行的《爾雅義疏》最為著名。」〔註71〕

從上述這些評論看來，《爾雅正義》在清代《爾雅》學中實是價值最高的著作之一。但是也可見出另一部與《爾雅正義》齊名的《爾雅義疏》，亦受到極高肯定。自從該書刊行之後，《爾雅正義》與《爾雅義疏》優劣比較，一直是學術界爭論不休的話題。今詳析各種論點，為《爾雅正義》與《爾雅義疏》之優劣作一公評。

嘉慶年間，郝懿行認為《爾雅正義》在聲音訓詁與名物考釋兩方面未臻完備，〔註72〕故作《爾雅義疏》二十卷。郝氏書成之後，引起後世對《正義》與《義疏》的優劣論爭，大致說來，有三種不同看法：

（一）邵勝於郝

> 梁啟超《中國近三百年學術史》：「邵二雲是頭一位作新疏的人，這部

者，邵書大半已有。」
〔註66〕同註64，頁23。
〔註67〕黃雲眉《清邵二雲先生晉涵年譜》（台北：台灣商務印書館，1982年5月），頁88。
〔註68〕林尹《訓詁學概要》（台北：正中書局，1994年11月），頁236。
〔註69〕胡樸安《中國訓詁學史》（台北：台灣商務印書館，1966年11月），頁55。
〔註70〕濮之珍《中國語言學史》（台北：書林出版有限公司，1994年8月），頁419。
〔註71〕同註32，頁131。
〔註72〕胡培翬〈郝蘭皋先生墓表〉，《續碑傳集》（台北：明文書局，1985年）卷72，頁4：「《爾雅》邵氏《正義》搜羅較廣，然聲音訓詁之原，尚多壅閡，故鮮發明。今余作《義疏》，於字借聲轉處，詞繁不殺，殆欲明其所以然。」「今茲疏中，其異於舊說者，皆經目驗，非憑胸臆。此余書所以別乎邵氏也。」

《爾雅正義》在清學史中應該特筆記載……郝氏《義疏》成於道光乙酉年，後邵書且四十年。近人多謂郝優於邵，然郝自述所以異於邵者不過兩點，一則『於字借聲轉處詞繁不殺』，二則『釋草木蟲魚異舊說者皆由目驗』（胡培翬撰郝墓表引）。然則，所異也很微細了，何況這種異點之得失，還很要商量呢。因前人成書增益補苴，較爲精密，此中才以下盡人而可能。郝氏於發例絕無新發明，其內容亦襲邵氏之舊者十六、七，實不應別撰一書（其有不以邵爲然者，著一校補或匡正誤等書，善矣）。《義疏》之作，剿說掠美，百辭莫辯，我主張公道，不能不取邵棄郝。」〔註73〕

　　張舜徽《中國文獻學》：「論其義例謹嚴，考證翔實，邵乃在郝之上。」〔註74〕

（二）郝勝於邵

　　宋翔鳳〈爾雅義疏序〉：「乾隆間邵二雲學士作《爾雅正義》、翟晴江進士作《爾雅補郭》，然後郭注未詳未備未聞之說皆可疏通證明，而猶未至於旁皇周決窮深極遠也。迨嘉慶間棲霞郝戶部蘭皋先生之《爾雅義疏》最後成書，其時南北學者知求於古字古言，於是通貫融會諧聲、轉注、假借，引端竟委，觸類旁通，豁然盡見。且薈萃古今，一字之異，一義之偏，罔不搜羅，分別是非，必及根源，鮮逞胸臆。蓋此書之大成，陵唐礫宋，追秦漢而明周孔者也。」〔註75〕

　　齊佩瑢《訓詁學概論》：「郝、邵二疏都是爲改補邢疏而成之作，邵晉涵的爾雅正義先出，故稍遜於郝。……清儒治爾雅者有如雨後春筍，分門別類，各有專精，然其規模法度，大抵不出邵氏的範圍。惜仍墨守疏不破注之例，堅尊郭義，未能脫去舊日枷鎖，旁推交通聲近之字於郭注之外，故終不及郝氏也。」〔註76〕

　　林明波〈清代雅學考〉：「《爾雅義疏》……全書四十餘萬言，就聲音訓詁言，視邵氏正義爲勝。」〔註77〕

（三）各具千秋

　　劉錦藻《清朝續文獻通考》：「郝氏此書，與邵晉涵爾雅正義齊稱。邵

〔註73〕梁啓超《中國近三百年學術史》（台北：里仁書局，2002年8月）頁273～274。
〔註74〕張舜徽《中國文獻學》（台北：木鐸出版社，1983年9月），頁284。
〔註75〕宋翔鳳〈爾雅義疏序〉，《爾雅義疏》（台北：台灣中華書局，1965年）卷首。
〔註76〕齊佩瑢《訓詁學概論》（台北：華正書局，1983年8月），頁285。
〔註77〕林明波〈清代雅學考〉，《慶祝高仲華先生六秩誕辰論文集》（台北：國立台灣師範大學國文研究所，1968年），頁105。

詳言名物制度，郝詳於聲音訓詁，均不刊之作也。」〔註78〕

　　黃侃〈爾雅略説〉：「邵、郝二疏，皆為改補邢疏而作。然邵書先成，郝書後出；先創者難為功，紹述之易為力。世或謂郝勝於邵，蓋非也。……清世説《爾雅》者如林，而規模法度，大抵不能出邵氏之外。雖篤守疏不破注之例，未能解去拘攣；然今所存《雅》注完書，推郭氏最善；堅守郭義，不較勝于信陸佃、鄭樵乎？」〔註79〕

　　林尹《訓詁學概要》：「清代治雅學者，以邵晉涵《爾雅正義》、郝懿行《爾雅義疏》最為著名，邵、郝二書，皆為改補《邢疏》而作，然邵書先成，郝書後出；先創者難為功，紹述之易為力，世或謂郝勝於邵，未為公論。」〔註80〕

從以上三種立場來看，主張邵勝於郝者，論證《正義》體例有新發明，具有開創的價值；主張郝勝於邵者，著眼在《義疏》的內容較為完備；主張各有千秋者，認為邵詳於名物制度，郝詳於聲音訓詁，邵、郝又各有缺點，同為治雅學者必讀之書。由此看來，依照不同的標準來衡量《正義》、《義疏》，就出現不同的觀點與評價。

　　郝懿行自述《義疏》的兩大特點，在「以聲音貫串訓詁」、「據目驗考釋名物」，然此兩點均已包括在《正義》「明聲」、「辨物」的體例之中，郝氏對著書體例並無新發明，只是在二雲已有的基礎上作得更精密而已，尤其前述兩特點是郝氏最致力的地方，也是最引以自豪的精義。雖然郝書內容較《正義》完備，〔註81〕不過「前修未密，後出轉精」，此著書之常例，不得以此為誇耀。而且《義疏》內容多襲二雲之說。〔註82〕梁啟超、黃雲眉皆認為郝氏實不應別撰一書，若有異說，以附見形式或另作校補、匡誤即可。郝氏雖因田居多載，廣識草木蟲魚之名形，故其「據目驗考釋名物」之成績較《正義》出色，然而黃季剛卻認為，郝氏搜採雖多於二雲，但其所指稱的物類今名，往往局於一隅，沒有普遍性，對於物名之由來又十九不能說，

〔註78〕劉錦藻，《清朝續文獻通考》（杭州：浙江古籍出版社，1988年11月），頁10050。

〔註79〕同註13，頁392～394。

〔註80〕同註68，頁236。

〔註81〕同註33，雲維莉比較《正義》《義疏》之內容，認為《義疏》在體例方面並沒有創新，大致承襲《正義》的六個條例。將此六則條例細加比較：在校文方面，《義疏》比《正義》多；兼採方面，《正義》所收比較周全；考郭則《義疏》較多；博引方面，兩疏各有擅長；發明古音，以《義疏》較為繁富；辨明物類也以《義疏》較詳盡。因此，從整體上來說，《義疏》內容比《正義》更為完備。

〔註82〕同註13，頁395：「郝書席邵、臧二家之成，凡邵所説幾於囊括而席卷之。」又《中國近三百年學術史》（見註73），頁274：「郝氏於發例絕無新發明，其內容亦襲邵氏之舊者十六、七，實不應別撰一書。」

實無法與《廣雅疏證》解說物名取義之緣由相比。〔註83〕

「以聲音貫串訓詁」方面，由於《正義》撰著在乾隆中葉以後，當時聲韻訓詁之學尚未極盛，二雲所能憑藉之資料不多，所以發明古音古義之成績較弱。可是郝氏處於清代古音學最盛的嘉慶年間，〔註84〕能從容運用前人的研究成果，其成就欲超過《正義》自較容易。然而郝氏自詡以音聲之學勝過《正義》之說法，後世學者早有異議。「《爾雅義疏》著意以聲音通訓詁，但郝氏疏於聲韻之學，尤疏於古音之學，又輕言『音同』、『音近』、『雙聲』、『疊韻』、『聲轉』和『一聲之轉』之類，造成許多錯誤。例如於『格、懷，來也』條下疏云『戾』、『來』古音相同，其實古音『戾』屬脂部，『來』屬之部，兩字並不同音。」〔註85〕清人王念孫已糾正刪訂《義疏》在聲韻方面的許多錯誤，後輯為《爾雅郝注刊誤》。民國蕭璋又為之作述補，認為「郝氏既不明古韻部分、聲紐清濁，五音大界，時為殽混。而於六朝隋唐之音，亦屬懵懵。」〔註86〕並具體論述郝疏之失三點：韻部之誤、聲紐之誤、妄評經籍舊音。〔註87〕此外，陳鴻森亦認為郝疏遠過《正義》之說，並非公論，並撰有〈郝氏爾雅義疏商兌〉，舉證二十五例，檢視郝疏之得失。〔註88〕凡此皆可見郝氏於聲韻之造詣實未深。

邵晉涵雖然僅開啟「明聲」之端緒，實已功不可泯，而且其利用聲韻學知識所引證發明者，多為確鑿不移之結論，如「以九府之梁山為即今衡山；釋艸蘪蕪蒵為即今款東。」時人「急歎以為絕識」。〔註89〕二雲疑未敢定之處，則闕如以俟來者，是其注重實證的嚴謹治學方法之體現，不像郝氏附和以聲音通訓詁之時風，卻因造詣淺薄，反貽下多處錯誤。

〔註83〕 同註13，頁394。黃季剛說《正義》「其辨物，則簡略過甚，又大抵不陳今名」郝懿行之搜采，雖略多於邵晉涵，然而「其所指今名，往往局於一隅，不足徧喻學者。至於物名由來，本於訓詁，則十九不能說，其去《廣雅疏證》之屢解物名取義所由者，故覺無等級以寄言矣。」

〔註84〕 關於邵氏與郝氏之書成年代與古音學背景，參見雲維莉〈爾雅正義與爾雅義疏之比較研究〉（見註33）。以及胡樸安《中國訓詁學史》（見註69）頁56：「其書又成於乾隆中葉，當時聲韻訓詁之學，尚未極盛，憑藉未宏，斯成業寡色。」

〔註85〕 鍾敬華〈爾雅義疏提要〉，《中國學術名著提要（一）—語言文字卷》（台北：黎明文化事業股份有限公司，1995年8月），頁160。

〔註86〕 蕭璋，〈王石臞刪訂爾雅義疏聲韻謬誤述補〉，《浙江學報》（國立浙江大學浙江學報編輯委員會編輯，1948年第二卷第一期），頁17～46。

〔註87〕 同註86，頁19～41。

〔註88〕 陳鴻森〈郝氏爾雅義疏商兌〉（《中央研究院歷史語言研究所集刊》第70分第1本，1999年8月），頁203～237。

〔註89〕 同註2。

其實，從體例的創新與否論之，《正義》是清代第一個對《爾雅》作新疏的專著，開創了清代注疏群經的先河。〔註90〕《正義》既屬草創，故措功最難，針對二雲《正義》著書的六體例：校補經注訛脫、兼采諸家古注、考補郭注未詳、博引證明郭注、發明古音古義、辨別生物名實。黃季剛舉出幾個優缺點，「其校文，於經，於注，多所遺漏；不如嚴元照《爾雅匡名》、王樹柟《爾雅郭注補正》。其博義，於諸家注義搜采不周；不如臧鏞堂《爾雅漢注》。其補郭，則特爲謹慎，勝於翟晴江之爲。其證經、明聲，略引其耑，而待郝氏抽其緒。其辨物，則簡略過甚，又大抵不陳今名。」〔註91〕《正義》在內容上有校文不密、博義不周、辨物簡略，但是其補郭最爲謹慎，勝於翟晴江之作，證經、明聲則引出端緒，以待後人闡發。《正義》六則著書條例也成爲後來研究《爾雅》學者主要依循的方向。「清世說《爾雅》者如林，而規模法度，大抵不能出邵氏之外。」〔註92〕《正義》雖然有前述幾個缺點，然而二雲以「以郭注爲主，但不專主郭注，而有博採眾說的作風。全書的主要貢獻是對郭注未詳的一百四十二處都進行了一番語義探索。雖然並不完全正確，但功夫不淺，值得肯定。另外，此書還注意到了古音通假問題，並對草木鳥獸蟲魚諸多名物作了辨正，亦頗有意義。」〔註93〕《正義》因成書較早，所以慮有未周，難免有罅漏之處。然而瑕不掩瑜，《正義》首開清代《爾雅》學之研究規模，在校文、兼采、補郭、證經、明聲、辨物等方面，都作出一定的成績，貢獻卓著。因此「從總體上說，邵氏在清代《爾雅》研究中，功勞最大。」〔註94〕

〔註90〕梅季《古代學者百人傳》（廣州：廣州文化出版社，1985 年 5 月），頁 316《爾雅正義》「開創了清代注疏群經的先河。」
〔註91〕同註 13，頁 393～394。
〔註92〕同註 13，頁 393。
〔註93〕吳禮權《中國語言哲學史》（台北：台灣商務印書館，1997 年 1 月），頁 320。
〔註94〕同註 32，頁 168～169。

第五章　邵晉涵之輯佚學

　　輯佚學是對已經亡佚文獻的佚文進行整理，編輯成冊，以達到基本恢復其原貌，或輯錄出一個殘本的目的。清代在輯佚方面投入了大量人力，隨著考據學的興盛和《四庫全書》的編纂，輯佚成果相當豐碩。邵晉涵在四庫館中也加入輯佚的行列，手輯《舊五代史》等八部典籍，功績卓著，尤其在輯佚《舊五代史》同時，又編撰了《舊五代史考異》，說明史事取捨之由，並對史事、史地、史實、歷史人物作考訂辨證，在五代史研究上，獲致很大成就。

第一節　四庫全書館之輯佚

　　清乾隆時《四庫全書》的開館，與裒輯《永樂大典》佚書的工作有著密不可分的關係。《永樂大典》是我國最大一部類書，明成祖永樂六年（1408）編纂成書，收錄的內容包括經、史、子、集、道、釋、醫、卜、雜家之書，將元代以前的佚籍秘典粹集以成一書，保存古代典籍制度實功不可沒。

　　明世宗嘉靖三十六年（1557），宮中發生火災，《永樂大典》雖未受波及，世宗覺得孤本不易保存，因此下詔重錄《永樂大典》副本，至明穆宗隆慶元年（1567）才抄錄完工，後稱為「嘉隆副本」。明崇禎十七年（1644）李自成攻陷京城，北京文淵閣的正本全部被毀，嘉隆副本亦散失殘缺約十分之一。清康熙年間，徐乾學、查慎行有輯錄《永樂大典》之議，不過都無疾而終。雍正時將副本移至翰林院，十一年（1733）全祖望寄居李紱家中，兩人因職務之便，得以借閱《永樂大典》，發現其中留存許多久佚之書，兩人於是相約輯抄。不過全祖望在乾隆二年（1937）即罷官歸里，而且僅憑數人之力，實難成就此等繁複龐雜之事，因此李、全二人輯錄成果

並不豐碩。〔註1〕但是此舉已經引起當時士林對《永樂大典》的重視，開啓輯佚《永樂大典》之風氣，「四庫館臣輯抄《大典》實受此影響。」〔註2〕

　　清高宗即位之後，一直很注意訪書求典，但是詔令都沒有認眞執行，一直未見實效。三十七年（1772），再次下詔徵書，〔註3〕但是乾隆的再三降旨求書，並未發揮效用，過了將近一年，仍然沒有開具目錄奏聞者。乾隆對此相當不悅，於是再次降諭，嚴飭各督撫學政必須儘速設法訪求遺書。當時的安徽學政朱筠首先上奏響應，並向乾隆陳述開館校書的想法，其論點有四，其中建議開館校理《永樂大典》一說，是導致《四庫全書》開館之先聲。〔註4〕乾隆採納朱筠的建議，「著即派軍機大臣爲總裁官，仍於翰林等官內選定員數，責令及時專司查校，將原書詳細檢閱，並將《圖書集成》互爲較覈，擇其未經採錄而實在流傳已少，尚可裒綴成編者，先行摘開目錄奏聞。」〔註5〕五日後又下旨說：「再添派王際華、裘曰修爲總裁官，即會同遴簡分校各員，悉心酌定條例，將《永樂大典》分晰校核。除本係現在通行，及雖屬古書而詞義無關典要者，不必再行採錄外，其有實在流傳已少，其書足資啓牖後學、廣益多聞者，即將書名摘出，撮取著書大旨，敘列目錄進呈，候朕裁定，彙付剞劂。其中有書無可採而其名未可盡沒者，祇須注出簡明略節，以佐流傳考訂之用，不必將全部付梓。」〔註6〕由於乾隆極度重視從《永樂大典》輯錄佚書之舉，不久，大學士劉統勳就把校核《永樂大典》的條例擬成上奏，乾隆除准其所奏外，還諭旨說：「將來辦理成編時，著名《四庫全書》」。〔註7〕於是四庫全書館正式成立，由最初的訪書，校輯《永樂大典》，變爲叢書之編纂。

　　四庫全書館開館之後，正、副總裁多由皇親、大臣擔任，負責領導與監督。但

〔註1〕 曹書杰《中國古籍輯佚學論稿》（長春：東北師範大學出版社，1998年9月）頁137～138。曹書杰臚列全祖望從《永樂大典》所輯抄之書十四種，不過全祖望所輯之書，今皆不傳。

〔註2〕 同註1，頁138。

〔註3〕 中國第一歷史檔案館編《纂修四庫全書檔案》（上海：古籍出版社，1997年）頁1～2。「然古今來著作之手，無慮數千百家，或逸在名山，未登柱史，正宜及時採集，彙送京師，以彰古右文之盛。其令直省督府會同學政等，通飭所屬，加意購訪。……庶幾副在石渠，用儲乙覽，從正四庫七略，益昭美備，稱朕意焉。」

〔註4〕 同註3，頁21。朱筠說：「中秘書籍，當標舉現有者，以補其餘也。……臣在翰林，常翻閱前明《永樂大典》。其書編次少倫，或分割諸書以從其類，然古書之全而世不恆覯者，輒具在焉。臣請勅擇取其中古書完者若干部，分別繕寫，各自爲書，以備著錄。書亡復存，藝林幸甚！」

〔註5〕 同註3，頁55。

〔註6〕 同註3，頁57～58。

〔註7〕 同註3，頁60。

是實際負責修纂的,卻必須仰賴學有專長的人才。邵晉涵的史學造詣聞名當世,士大夫「言經學則推戴吉士震,言史學則推君(邵晉涵)。」〔註8〕因此在乾隆三十八年(1773)閏三月,邵晉涵受到總裁劉統勳之推薦,被徵召入館,當時辦理四庫全書處上奏說:「查有進士余集、邵晉涵、周永年,舉人戴震、楊昌霖,于古書原委亦能多識,應請旨行文調取來京,在分校上行走,更足資集思廣益之用。」〔註9〕同年七月,乾隆即下令:「前據辦理四庫全書總裁奏,請將進士邵晉涵、周永年、余集,舉人戴震、楊昌霖調取來京,同司校勘。業經降旨允行。但念伊等現在尚無職任,自當予以登進之途,以示鼓勵。」〔註10〕邵晉涵、周永年、余集、戴震、楊昌霖五人當時被推薦入館,協辦校理《四庫全書》,「天下榮之」,〔註11〕時人稱之為「五徵君」。在四庫館的分工裡,總裁僅總攬館中大事,而實際上擔任編纂的是總纂官、分纂官、總校官和分校官,邵晉涵在館中擔任「校勘《永樂大典》纂修兼分校官」。在《四庫全書》的纂修過程中,「期間機軸,全出諸紀昀、陸錫熊二人之手;戴震、邵晉涵、周永年三人,亦出力為較多。」〔註12〕可見二雲在館中貢獻很大,出力頗多,被「總裁倚為左右手」。〔註13〕

　　四庫全書館最初成立時,輯錄《永樂大典》裡的佚書,本來就是最主要的目的之一。邵晉涵既任「校勘《永樂大典》纂修兼分校官」,因此在館中也多有輯佚之作,他根據《永樂大典》輯出了《舊五代史》、《洪範口義》、《洪範統一》、《兩朝綱目備要》、《性情集》、《臨安集》、《九國志》、《東南紀聞》。其中《九國志》、《東南紀聞》未及列入《四庫全書》。〔註14〕以下將邵晉涵在四庫館輯佚書的情形略述如後:

　　一、《洪範口義》二卷,宋代胡瑗所撰,胡瑗教授弟子分經義、治事二齋,此書即經義齋傳授弟子時的講習內容。朱彝尊《經義考》將此書列於未見一門,然《永樂大典》中實存完本。《宋史·藝文志》著錄一卷,邵晉涵根據《永樂大典》校定字句,釐為二卷。

　　二、《洪範統一》一卷,宋人趙善湘撰,此書成於宋開禧年間,《宋史》記書名

〔註8〕錢大昕《潛研堂文集·日講起居注官翰林院侍講學士邵君墓誌銘》(上海:商務印書館,1936年7月),頁687。
〔註9〕同註3,頁77。
〔註10〕同註3,頁137。
〔註11〕章學誠《章氏遺書·邵與桐別傳》(台北市:漢聲出版社,1973年1月)頁6。
〔註12〕郭柏恭《四庫全書纂修考》(北平:商務印書館,1937年),頁67。
〔註13〕同註11。
〔註14〕顧力仁《永樂大典及其輯佚書研究》(台北:文史哲出版社,1985年9月),頁304。

爲《洪範統論》,《經義考》則作《洪範統紀》,且云：未見。邵晉涵從《永樂大典》按經文之前後編次,輯出此書,並根據趙善湘之自序,訂定書名爲《洪範統一》。

三、《兩朝綱目備要》十六卷,作者不詳,全書內容記載宋光宗紹熙迄寧宗嘉定年間之事蹟。焦竑《國史經籍志》和王圻《續文獻通考》俱不著錄。《永樂大典》所記載保存部分,也已經失去原書的卷次,因此邵晉涵是按照紀年分編,共釐爲十六卷。

四、《性情集》六卷,元人周巽撰,周巽元末時隨湖廣平章鞏卜班征討猺人,因功授永明簿,明初不仕。其詩詞清拔,無元人纖靡之習。然《性情集》失傳已久,邵晉涵根據《永樂大典》按韻採輯,猶可見其崖略。

五、《臨安集》六卷,元末明初錢宰撰,因爲錢宰是越人,乃吳越武肅王十四世孫,故此書以臨安爲名,以表其舊系本源。錢宰在明初以經術見重當世,其古文詩詞也卓然有成,可惜文集早已失傳,邵晉涵從《永樂大典》採綴編排,並參考諸家選本所選錄部分,採輯成六卷。

六、《九國志》十二卷,北宋路振撰,採吳、南唐、吳越、前蜀、後蜀、東漢、南漢、閩、楚九國之君臣行事,作世家、列傳,然而其書尙未完成,路振已卒。王應麟《玉海》稱此書有四十九卷,路振之孫路綸增補荊南高氏,因此實際上有十國,並在治平元年（1064）六月進呈朝廷,下詔付於史館。《宋史‧藝文志》與馬端臨《經籍考》皆題爲「路振《九國志》五十一卷」,其多出之二卷,是張唐英所補撰,當時所流傳即張唐英補撰者。然其書向無刊本,只散見於《永樂大典》中,邵晉涵摘錄散篇,欲恢復全書,卻因闕佚過半,並沒有完成。不過二雲輯佚《舊五代史》時,《九國志》亦其參考資料之一,但是並未收入《四庫全書》中。乾隆三十九年（1774）,二雲逢母喪,南歸丁憂,將所輯之《九國志》稿本留給孔繼涵。四十一年（1776）,孔繼涵又把底稿交付周夢棠,請他重新編次,周夢棠釐爲十二卷,得列傳一百三十六,並補世家篇目於卷首,略注其始末。今日所見《九國志》即此十二卷版本。

七、《東南紀聞》三卷,作者佚名,諸家書目也不載。因書中有「丙子之事非復庚申之役」一語,丙子爲至元十三年（1276）,前一年巴顏渡江,臨安失守,推測此書應爲元人所著,故稱宋爲東南。原書亡佚已久,其篇章卷次也無法考訂,因此先輯錄出分載在《永樂大典》各韻下的文字,再進行裒合排纂,共得三卷。

八、《舊五代史》一百五十卷，北宋薛居正等奉敕撰。《舊五代史》在歐陽修
　　所撰《新五代史》行世後，就逐漸湮沒。到清代時，據傳已經全部佚失，
　　僅《永樂大典》根據明內府藏書仍分載其文。因此四庫館即以《永樂大典》
　　為底本，參校《太平御覽》、《冊府元龜》等書之《舊五代史》引文，輯佚
　　出全書。從當時的一些記載看來，如〈進舊五代史表〉：「多羅質郡王臣永
　　瑢等謹奏，為舊五代史編次成書恭呈御覽事。……臣等謹率同總纂官右春
　　坊右庶子臣陸錫熊、翰林院侍讀臣紀昀，纂修官編修臣邵晉涵等，按代分
　　排，隨文勘訂，彙諸家以蒐其放失，臚說以補其闕殘，復為完書，可以繕
　　寫。」〔註15〕錢大昕：「自歐陽公《五代史》出，而薛氏《舊史》廢，獨
　　《永樂大典》采此書，君在館薈萃編次，其闕者，采《冊府元龜》諸書補
　　之，由是薛史復傳人間。」〔註16〕洪亮吉：「若奉命校秘閣書，如薛居正
　　舊五代史等，皆君一手勘定。」〔註17〕王昶「君於歷代史事，融洽貫穿。
　　嘗於永樂大典中，采薛居正五代史，參以冊府元龜，訂其同異，遂為全書。」
　　〔註18〕由館臣的〈進舊五代史表〉可知邵晉涵是參加輯佚《舊五代史》的
　　重要人物之一，再參證時人的記載，益可證明《舊五代史》是邵晉涵在四
　　庫館中一手編定纂輯而成的。

　　《永樂大典》的輯佚活動有極簡易者，像宋李燾《續資治通鑑長編》，全書都在
「宋」字韻下，因此只要抄錄一遍即可，不能算是輯書。但是《舊五代史》的編輯，
卻極為繁難，不像《續資治通鑑長編》那樣簡單。這是因為《舊五代史》在《永樂
大典》裡「各條分散諸韻中，篇第凌雜，蒐集匪易，既衷一處，並需佐以他書，苦
心排比，乃克成編。」〔註19〕因此輯佚的工作，「非得邵晉涵輩深通著述家法，而
悉赴以精心果力者，不能藏事。」〔註20〕邵晉涵輯佚《舊五代史》的方法，一直被
視為輯佚的典範，也是他在輯佚學上最大的貢獻。

〔註15〕薛居正等修《舊五代史·進舊五代史表》（新校本）（台北：鼎文書局，1985 年 12
　　　月），頁 2025。
〔註16〕同註 8。
〔註17〕洪亮吉《詩卷閣文甲集·邵學士家傳》（台北：世界書局，1964 年 2 月）卷 9，頁
　　　169。
〔註18〕王昶〈翰林院侍講學士充國史館提調官邵君晉涵墓表〉，《國朝耆獻類徵初編》（台北：
　　　明文書局，1985 年），頁 17。
〔註19〕同註 14，頁 309。
〔註20〕同註 14，頁 309。

第二節　輯《舊五代史》之方法

　　《舊五代史》是北宋薛居正等人奉詔編修，共一百五十卷，含〈目錄〉二卷。其記載史事上起朱溫滅唐（907），下迄趙匡胤篡後周（960），共五朝十四帝五十三年。宋神宗熙寧五年（1072）歐陽修私撰的《五代史記》刊行後，爲區別兩者，乃將薛居正撰者稱《舊五代史》，歐陽修所著者稱《新五代史》。

　　在北宋時，《新五代史》、《舊五代史》一直是並行於世。南宋以後，由於理學家重視歐陽修撰史的春秋筆法，薛史地位逐漸下降，金章宗泰和七年（1207）更明令：「新定學令內削去薛居正《五代史》，止用歐陽修所撰。」〔註21〕於是《舊五代史》逐漸衰微，「元、明以來罕有援引其書者，傳本亦漸就湮沒。」〔註22〕在明代只有宮中還藏有薛史版本，因此明成祖修《永樂大典》時，曾經分載其文於大典中，不過《永樂大典》乃依韻編排，所以《舊五代史》已被「割裂淆亂」，〔註23〕不復本來面目。到了清乾隆時，已經找不到《舊五代史》原本，因此才有輯纂之舉。〔註24〕

　　邵晉涵裒輯《舊五代史》的方法，一直被認爲是輯佚學的典範，以下就根據〈編定舊五代史凡例〉，分別論述邵晉涵的輯佚方法。

一、廣泛的徵引書目

　　編輯《舊五代史》的佚文時，主要是以《永樂大典》爲依據，但是《永樂大典》在明末清初鼎革之際，已經散失十分之一，因此邵晉涵當時所掌握《永樂大典》的資料並不完整，所以他另外又採用許多其他有關五代史事的書籍。依〈凡例〉言《舊五代史·梁太祖紀》有殘闕，散見在《永樂大典》各韻下，只錄到六十八條，於是對照《冊府元龜》之《舊五代史》引文，按條採綴，薈萃成編。〈后妃列傳〉除〈周后妃傳〉外，其他皆已殘缺不全，二雲針對闕文，採用《五代會要》、《通鑑》、《契丹國志》、《北夢瑣言》諸書，補充佚失的史蹟。對於十志裡的殘闕，則利用《太平御覽》的引文加以補正。

〔註21〕脫脫等修《金史·章宗紀》（新校本）（台北：鼎文書局，1976 年 11 月），頁 282。
〔註22〕永瑢等著《四庫全書》（台北：臺灣商務印書館 1983 年 10 月）卷 46，頁 10〈舊五代史提要〉。
〔註23〕同註 22。
〔註24〕《舊五代史》在南宋以後就逐漸湮沒，到明初僅內府有藏本，至清乾隆時，據說已經找不到存本了，也就是《舊五代史》在清代以後就已經亡佚。不過《舊五代史》尚有刊本之說，論者言之鑿鑿，詳見楊家駱，《舊五代史·舊五代史識語》（見註 15），頁 5～6。以及《舊五代史輯本發覆·傅序》（台北：新文豐出版公司，1993 年）卷首，頁 6～7。然而薛史真本一直沒有出現，《舊五代史》至今流傳之版本，還是四庫館從《永樂大典》輯出之本。

此外，《永樂大典》所載《舊五代史》原文，多有字句脫落與音義舛訛的情形，二雲則以《通鑑考異》、《通鑑注》、《太平御覽》、《太平廣記》、《冊府元龜》、《玉海》、《筆談》、《容齋五筆》、《青緗雜記》、《職官分紀》、《錦繡萬花谷》、《藝文類聚》、《記纂淵海》諸書「參互校訂」。〔註25〕由於各家史書對於史事的記載流傳，也常有迥異舛誤的情形，二雲就根據「《新》、《舊唐書》、《東都事略》、《宋史》、《遼史》、《續通鑑長編》、《五代春秋》、《九國志》、《十國春秋》及宋人說部、文集與五代碑碣尚存者，詳爲考核，各加案語，以資辨證。」〔註26〕

由〈凡例〉所述，邵晉涵徵引的書目包括《永樂大典》、《冊府元龜》、《五代會要》、《通鑑》、《契丹國志》、《北夢瑣言》、《太平御覽》、《通鑑考異》、《通鑑注》、《太平御覽》、《太平廣記》、《冊府元龜》、《玉海》、《筆談》、《容齋五筆》、《青緗雜記》、《職官分紀》、《錦繡萬花谷》、《藝文類聚》、《記纂淵海》、《舊唐書》、《新唐書》、《東都事略》、《宋史》、《遼史》、《續通鑑長編》、《五代春秋》、《九國志》、《十國春秋》及宋人說部、文集與五代碑碣尚存者。範圍涵蓋宋代以來有關五代史事的史書、類書、叢書、文集、金石各方面書籍，由此可見其搜羅之廣泛，考核之精審。

二、依循薛史之舊

邵晉涵雖然覺得《舊五代史》的分傳方法，不合史學的家法與體例，但是他仍然按照原書的分編及卷次來編排分卷，「五代諸臣，類多歷事數朝，首尾牽連，難於分析。歐陽修《新史》以始終從一者入梁、唐、晉、漢、周臣傳，其兼涉數代者，則創立雜傳歸之，褒貶謹嚴，於史法最合。薛史僅分代立傳，而以專事一朝及更事數姓者參差錯列，賢否混淆，殊乖史體，此即其不及《歐史》之一端。因篇有論贊，總敘諸人，難以割裂更易，姑仍其舊，以備參考。得失所在，讀史者自能辨之。」〔註27〕〈后妃列傳〉除了〈周后妃傳〉全帙具存外，其餘多已殘闕，因此邵晉涵採用《五代會要》、《通鑑》、《契丹國志》、《北夢瑣言》諸書，補注〈后妃列傳〉的史蹟，不過爲了不與《舊五代史》原文相混，針對補注部分，以「雙行分註」的形式呈現，使本文與注文不會混淆。

三、史事異同的考辨

史事在流傳的過程中，因爲傳聞或轉載等原因，導致有不同的記載。如果能依

〔註25〕同註15，頁2029〈編定舊五代史凡例〉。
〔註26〕同註15，頁2029〈編定舊五代史凡例〉。
〔註27〕同註15，頁2027～2028〈編定舊五代史凡例〉。

照證據，分辨何種說法爲眞，邵晉涵就會把考核的過程、理由附註於本文下，例如：

〈唐閔帝紀〉，《薛史》作明宗第三子，而《歐史》作第五子，考《五代會要》、《通鑑》並同《薛史》。又，《歐史》〈唐家人傳〉云：太祖有弟四人，曰克讓、克修、克恭、克寧，皆不知其父母名號。據《薛史》〈宗室傳〉，則克讓爲仲弟，克寧爲季弟，克修爲從父弟、父曰德成，克恭爲諸弟，非皆不知其父母名號。又，〈晉家人傳〉止書出帝立皇后馮氏，考《薛史》紀傳，馮氏未立之先，追冊張氏爲皇后，而《歐史》不載。又，張萬進賜名守進，故《薛史》本紀先書萬進，後書守進，《歐史》刪去賜名一事，故前後遂如兩人。其餘年月之先後，官爵之遷授，每多互異。今悉爲辨證，詳加案語，以示折衷。〔註28〕

如果不能分辨眞僞，二雲便將各家說法臚列文後，以供讀者參考，例如《舊五代史·太祖紀》：「十一月癸卯，鄜帥李周彝統兵萬餘人屯于岐之北原，與城中舉烽以相應。翼日，帝以周彝既離本都，鄜時必無守備，因命孔勍乘虛襲下之。甲寅，鄜州平。周彝聞之，收軍而遁。」此段本文之下附有案語說：「《舊唐書》：『十二月癸酉，汴將孔勍乘虛襲下鄜州，獲周彝妻子，周彝即以兵士來降。』《新唐書》：『十二月己亥，朱全忠陷鄜州，保大軍節度李茂勳叛附於全忠。考茂勳即周彝也。』《薛史》統作十一月事，與《新、舊唐書》異。」〔註29〕此則記載朱全忠命孔勍攻襲鄜州之史事，《新唐書》、《舊唐書》與《舊五代史》對於日期的紀錄不同，又無法確知何書所記爲眞，因此將有關說法列於本文之下，以供讀者參詳考備。

四、卷次的編排方法

因爲《永樂大典》是按韻編排，所以《舊五代史》被割裂成許多段落，散見在《永樂大典》各卷之中，其原書之體例、分卷的編排方法，皆已不可得見。邵晉涵觀察諸書徵引《舊五代史》的內容時，「多云事見某書，或云某書有傳」。〔註30〕因此他斷定《舊五代史》和《三國志》一樣，都是斷代爲書，於是邵晉涵首先就按代分編，釐定爲梁書、唐書、晉書、漢書、周書。又根據《玉海》言《舊五代史》之分卷情形爲：「開寶七年閏十月甲子，書成，凡百五十卷，目錄二卷，……其事凡計十四帝五十三年，爲紀六十一，志十二，傳七十七。」〔註31〕從《玉海》這段引文

〔註28〕同註15，頁 2029〈編定舊五代史凡例〉。
〔註29〕同註15，頁 32〈太祖紀〉。
〔註30〕同註15，頁 2027〈編定舊五代史凡例〉。
〔註31〕王應麟《玉海》（台北：大化書局，1977 年 12 月）卷 46，頁 919。

可以確知《舊五代史》紀、志、傳的分卷數目。而且《永樂大典》保存了其中大部分卷數的史臣論贊，由於史贊對本卷所提及之諸人，會分別予以評騭，因此同一史贊諸人，就是在同一卷，依此邵晉涵便可據史贊將各傳傳主歸位了。

　　從《永樂大典》尚可得到另一個訊息，按照史書撰寫體例，同一年之紀年，例在第一次出現時記載，以後則僅書月份；同一月份所發生事，也只在第一次紀月時錄出，後文則僅載日期之異。根據這個書寫原則，觀察《永樂大典》的《舊五代史》原文，「有一年再紀元者，如上有同光元年春正月，下復書同光元年秋七月，知當於七月以後別爲一卷。」〔註32〕今依鼎文書局印行之《舊五代史》輯本，略定其分編卷次如下表：

《梁書》二十四卷	本紀十卷	〈太祖本紀〉七卷、〈末帝本紀〉三卷
	列傳十四卷	〈后妃列傳〉一卷、〈宗室列傳〉一卷、〈諸臣列傳〉十二卷
《唐書》五十卷	本紀二十四卷	〈武皇本紀〉二卷、〈莊宗本紀〉八卷、〈明宗本紀〉十卷、〈閔帝本紀〉一卷、〈末帝本紀〉三卷
	列傳二十六卷	〈后妃列傳〉一卷、〈宗室列傳〉二卷、〈諸臣列傳〉二十三卷
《晉書》二十四卷	本紀十一卷	〈高祖本紀〉六卷、〈少帝本紀〉五卷
	列傳十三卷	〈后妃列傳〉一卷、〈宗室列傳〉一卷、〈諸臣列傳〉十一卷
《漢書》十一卷	本紀五卷	〈高祖本紀〉二卷、〈隱帝本紀〉三卷
	列傳六卷	〈后妃列傳〉一卷、〈宗室列傳〉一卷、〈諸臣列傳〉四卷
《周書》二十二卷	本紀十一卷	〈太祖本紀〉四卷、〈世宗本紀〉六卷、〈恭帝本紀〉一卷
	列傳十一卷	〈后妃列傳〉一卷、〈宗室列傳〉一卷、〈諸臣列傳〉九卷
	雜傳七卷	〈世襲列傳〉二卷、〈僭僞列傳〉三卷、〈外國列傳〉二卷
	《志》十二卷	〈天文志〉一卷、〈曆志〉一卷、〈五行志〉一卷、〈禮志〉二卷、〈樂志〉二卷、〈食貨志〉一卷、〈刑法志〉一卷、〈選舉志〉一卷、〈職官志〉一卷、〈郡縣志〉一卷。

五、「紀、傳、志」輯法

　　《舊五代史》的本紀部分，除了〈梁太祖紀〉有闕文，其他全部都在《永樂大典》中保存完整，因此〈本紀〉部分的輯佚，大多沒有遭遇困難。至於要恢復〈梁太祖紀〉之原貌，就頗費工夫了。邵晉涵首先把散見在《永樂大典》各韻中，有關〈梁太祖紀〉的六十八條紀錄先行摘出，再按照《冊府元龜》徵引《舊五代史》者，按條採綴，依照年月，條繫件附，最後才薈萃成編，總共將〈梁太祖紀〉釐爲七卷。

　　〈后妃列傳〉在《永樂大典》中只剩下〈周后妃傳〉全帙尚存，其餘的〈后妃

〔註32〕同註15，頁2027〈編定舊五代史凡例〉。

列傳〉多已經殘闕不全，邵晉涵於是採用《五代會要》、《通鑑》、《契丹國志》、《北夢瑣言》諸書，以補充〈后妃列傳〉諸傳的不足，針對這些補篇注文，邵晉涵以雙行分註的形式呈現，避免與〈后妃列傳〉本文相混淆。

諸臣列傳的篇名，邵晉涵是根據他書所記載，以還其舊名。例如《永樂大典》將李茂貞等人稱在〈世襲傳〉，《通鑑考異》把楊行密等人稱在〈僭僞傳〉。此外《永樂大典》保存的史臣論贊，由於史贊對同一卷諸人，會加以評論，因此同一史贊者，便可歸爲同一卷，如果本卷的史論已經亡失，只好考評其人之事蹟，以類來分編。《舊五代史》的志書部分，偶有殘闕者，邵晉涵則使用《太平御覽》所引的《舊五代史》原文作增補，另外再節錄《五代會要》諸書分註於本文下，以備讀者參考。

《舊五代史》在乾隆四十年（1775）編輯完成，勒爲一百五十卷，分裝成五十八冊，進呈奏上，下詔頒布學宮，並仿《舊唐書》之例，列爲正史之一。四十九年（1784），依照殿版各史之例，將輯本刊刻，頒行天下。

第三節　輯《舊五代史》所獲致的成果與價值

邵晉涵在輯佚《舊五代史》時，並爲其作《考異》五卷，今日所見之版本，係《續修四庫全書》根據北京圖書館藏清代邵氏家塾面水層軒抄本所影印。今依二雲之《舊五代史考異》五卷，探討其在輯佚過程中所獲致的成果與價值。

一、廣博引用典籍

由於諸史之記載常有迥異的情形，二雲爲辨別史事之眞僞詳情，他在〈編定舊五代史凡例〉自述根據「《新、舊唐書》、《東都事略》、《宋史》、《遼史》、《續通鑑長編》、《五代春秋》、《九國志》、《十國春秋》及宋人說部、文集與五代碑碣尚存者，詳爲考核，各加案語，以資辨證。」〔註33〕今從五卷《考異》中尋繹二雲曾徵引參考之書籍，並依四部之法分類，以證明二雲引書之廣博，及其自序所言之不虛。

史　部	正史類	《舊唐書》、《新唐書》、《新五代史》、《宋史》、《遼史》、《五代史記纂誤》、《五代史記注》
	編年類	《資治通鑑》、《通鑑注》、《資治通鑑考異》、《通鑑長編》、《續通鑑長編》、《五代春秋》、《五代通錄》
	雜史類	《五代史補》、《五代史闕文》

〔註33〕同註15，頁 2029〈編定舊五代史凡例〉。

	別史類	《契丹國志》、《東都事略》、《隆平集》、《九國志》
	政書類	《五代會要》、《文獻通考》
	傳記類	《唐才子傳》
	地理類	《輿地廣記》
	載記類	《南唐書》、《十國春秋》、《五國故事》、《釣磯立談》、《蜀檮杌》、《江南別錄》
	目錄類	《郡齋讀書志》
子　部	小說家類	《澠水燕談》、《北夢瑣言》、《清異錄》、《太平廣記》、《洛陽縉紳舊聞記》、《東軒筆錄》、《歸田錄》、《國老談苑》、《鑑戒錄》、《青箱雜記》、《玉壺清話》
	類書類	《永樂大典》、《冊府元龜》、《錦繡萬花谷》
	雜家類	《文苑英華》、《師友雜志》、《雲谷雜記》、《春渚紀聞》、《春明退朝錄》、《文昌雜錄》、《却掃編》、《游宦紀聞》、《澗泉日記》
	藝術類	《宣和書譜》
集　部	別集	《夏文莊集》、《河南集》、《安陽集》、《小畜集》、《景文集》、《華陽集》、《杜詩》
	詞曲	〈花蕊夫人宮詞〉
碑碣墓誌		〈李克用題名碑〉、〈宋公神道碑〉、〈史匡翰碑〉、〈劉繼顒神道碑〉、〈宋延渥神道碑〉、〈景範神道碑〉、〈韓重華墓誌銘〉、〈賈令君墓誌銘〉、〈賈文元墓誌銘〉

二、校正文字訛誤

　　邵晉涵在從事輯佚的過程中，又以《冊府元龜》、《舊唐書》、《新唐書》、《新五代史》、《資治通鑑》、《通鑑考異》、《五代會要》等書，校勘《舊五代史》的文字，或依《舊五代史》的本紀、列傳、志互相校正訛誤。如：

　　一年《舊五代史考異·唐莊宗紀七》：「其許市者為之入草物。」句下邵晉涵曰：
　　　　案：「原本『入草』訛『全草』，今據《通鑑》及《冊府元龜》所引《薛史》改正。」〔註34〕
以《通鑑》、《冊府元龜》所引《薛史》原文，改正其訛字。

　　二年《舊五代史考異·劉守光傳》：「書記馬郁。」句下邵晉涵曰：
　　　　案：「原本作『馬都』，今據《薛史》列傳改正。」〔註35〕
根據《薛史》列傳互相勘誤，改正〈劉守光傳〉之訛字。

〔註34〕邵晉涵《舊五代史考異》（上海：上海古籍出版社，1995 年），頁 70。
〔註35〕同註34，卷 5，頁 28。

三年《舊五代史考異‧曆志》:「以通法進統法,得七十二萬。」句下邵晉涵曰:

> 案:「七十二萬原本作七千二百萬。考下文以通法進全率,得七千二百萬,謂之大率,則此當云:『以通法進統法,得七十二萬,謂之全率。』原本全率之數併作大率之數,蓋傳寫之訛。今據《歐陽史》改正。」〔註36〕

根據《歐陽史》改正《薛史》傳寫之訛。

三、辨正史事時地

因諸史記載之異,或傳寫之訛,以致同一歷史事件發生之時間、地點互相矛盾,二雲輯佚《薛史》原文,又為史事發生之時、地,作詳盡之辨證。如:

一年《舊五代史考異‧梁太祖紀一》:「帝遣葛從周率驍勇之士,夜中銜枚犯圍而入于潞。」句下邵晉涵曰:

> 案:「《舊唐書》五月,潞州軍亂,殺其帥李克恭。七月,朱全忠遣大將葛從周率千騎入潞州。《薛史》統作八月,蓋據入潞之月而追書之也。」〔註37〕

《薛史》記載潞州軍亂之始末,俱書作八月,與《舊唐書》異,是《薛史》根據葛從周入潞在八月而追書。

二年《舊五代史考異‧唐莊宗紀一》:「周德威宿兵于亂柳。」句下邵晉涵曰:

> 案:「原本作『亂楊』,考《歐陽史》作『亂柳』。胡三省《通鑑注》云:『亂柳在潞州屯留縣界。』今改正。」〔註38〕

《薛史》原本記載周德威宿兵在「亂楊」,二雲考之《歐陽史》與《通鑑注》,則「亂楊」為誤載,當以「亂柳」為正確地名。

三年《舊五代史考異‧周世宗紀四》:「壬申,駕發京師。」句下邵晉涵曰:

> 案:「原本作『壬辰』,考《五代春秋》作『十月壬辰,帝南征。』與《薛史》同。《歐陽史》作『壬申,南征。』《通鑑》作『壬申,帝發大梁。』與《薛史》異。據下文有壬午,則十月不應有壬辰,疑原本係傳寫之誤。今從《歐陽史》、《通鑑》改正。」〔註39〕

周世宗駕發京師的時間,《薛史》與《五代春秋》作「壬辰」,《歐陽史》與《通鑑》則作「壬申」,二雲認為《薛史》下文又有壬午,因此十月不可能有壬辰,便據《歐

〔註36〕同註34,卷5,頁36。
〔註37〕同註34,卷1,頁7。
〔註38〕同註34,卷2,頁13。
〔註39〕同註34,卷4,頁49。

陽史》、《通鑑》改正爲「壬申」。

四、改正人名訛諱

　　五代人物因避帝王諱或傳寫之誤，以致姓名前後不一，二雲根據諸書所徵引者，
爲歷史人物正名。如：

　　一年《舊五代史考異‧晉少帝紀二》：「改陝州甘棠驛爲通津驛，避廟諱也。」
句下邵晉涵曰：

　　　　案：「《東都事略‧陶穀傳》穀本姓唐，避晉祖諱改姓陶，蓋當時避諱
　　　　及偏傍字及同音字也。」〔註40〕

晉高祖名爲石敬瑭，其子孫爲避廟諱改「甘棠驛」爲「通津驛」。陶穀本姓唐，也因
避諱而改姓爲陶。

　　二年《舊五代史考異‧盧文進傳》：「字國用。」句下邵晉涵曰：

　　　　案：「《南唐書》：『文進，字大用。』《遼史‧太祖紀》：『神冊元年，
　　　　晉幽州節度盧國用來降。二年，晉新州裨將盧文進殺節度李文矩來降。』
　　　　則國用與文進顯係二人，然天顯元年又書盧龍節度使盧國用叛奔于唐，即
　　　　文進歸唐之事也。疑文進入遼以後，遂以字行，修遼史者雜采諸書，誤作
　　　　兩人耳。」〔註41〕

盧文進，字國用，原爲晉之節度使，後來叛晉降遼，入遼之後，以字行。後世史書
記載其名，間采文進、國用兩名，修《遼史》者雜采諸書，未能詳辨，遂將盧文進、
盧國用誤作兩人。

　　三年《舊五代史考異‧漢高祖紀下》：「以尙書左丞張昭爲吏部侍郎。」句下邵
晉涵曰：

　　　　案：「《東都事略‧張昭傳》：『昭，舊名昭遠，避漢高祖諱，止稱昭。』」
　　〔註42〕

張昭原名張昭遠，後爲避漢高祖劉知遠之諱，改稱張昭。

五、史事取捨之由

　　《舊五代史》因史事傳聞之異，對事件之記載遂有取捨詳略，或不取之情形，
二雲考其緣由，爲《薛史》說之。如：

〔註40〕同註34，卷3，頁20。
〔註41〕同註34，卷3，頁65。
〔註42〕同註34，卷4，頁95。

一年《舊五代史考異·梁太祖紀二》：「大計未決。」句下邵晉涵曰：

> 案：「《通鑑考異》引《唐補紀》，謂全忠初與季述通謀，後乃改計。
> 今考《新》、《舊唐書》皆不載此事，《薛史》亦不取。」〔註43〕

《通鑑考異》載朱全忠與季述通謀事，然《新》、《舊唐書》皆不載此事，《薛史》因之。

二年《舊五代史考異·梁末帝紀上》：「晉人陷貝州。」句下邵晉涵曰：

> 案：「《歐陽史》作晉人克貝州，守將張源德死之。又〈死事傳〉云：
> 『貝人勸源德出降，源德不從，遂見殺。』《通鑑考異》引《莊宗實錄》：
> 『源德聞河北皆平，有翻然之志，謀於眾，眾懼其歸罪，因殺源德。』是
> 源德之死，傳聞異詞，故《薛史》不取。」〔註44〕

張源德之死，《歐陽史》與《通鑑考異》記載迥異，因此《薛史》不載。

三年《舊五代史考異·李存賢傳》：「汴軍退。」句下邵晉涵曰：

> 案：「《歐陽史》作『擊退梁兵』。吳縝《纂誤》云：『朱友謙、符存審、
> 劉鄩傳載鄩討友謙，存審救之，而鄩敗，其事始末甚明，無存賢擊走梁兵
> 之事。況大將自是存審，安得隱其姓，而存賢獨有功乎！』今考《薛史》
> 止作『汴軍退』，不言存賢擊退，較歐陽史爲得其實。」〔註45〕

擊退梁兵者，有符存審、李存賢二說，因此《薛史》在〈李存賢傳〉只作「汴軍退」，不言其擊退梁兵。

六、補充薛史闕載

《舊五代史》在記載史事時，有闕載、失載、不載、不爲詳載的情形，二雲根據《舊唐書》、《遼史》、《五代會要》、《新唐書》、《通鑑》、《歐陽史》等，補充《舊五代史》遺漏史事的部分。如：

一年《舊五代史考異·梁太祖紀二》：「以宣武、宣義、天平、護國、天雄、武順、佑國、河陽、義武、昭義、保義、武昭、武定、泰寧、平盧、匡國、武寧、忠義、荊南等二十一道爲魏國。」句下邵晉涵曰：

> 案：「以二十一道爲魏國，《薛史》止載十九道，據《舊唐書》尚有忠
> 武、鎮國二道，《薛史》闕載。」〔註46〕

〔註43〕同註34，卷1，頁12。
〔註44〕同註34，卷1，頁35。
〔註45〕同註34，卷2，頁85～86。
〔註46〕同註34，卷1，頁16～17。

《薛史》記載梁太祖以宣武等二十一道爲魏國，卻只載十九道，二雲根據《舊唐書》補充《薛史》闕載的忠武、鎭國二道。

二年《舊五代史考異・梁末帝紀下》：「以供奉官郎公遠充契丹歡好使。」句下邵晉涵曰：

> 案：「《遼史》神冊五年九月，梁遣郎公遠來聘。即是年事也。《遼史》載神冊元年，梁遣郎公遠來賀，《薛史》失載。」〔註47〕

《薛史》載郎公遠爲契丹歡好使，對照《遼史》，當在神冊五年。另外，根據《遼史》，神冊元年時，梁也曾經派遣郎公遠往賀，《薛史》闕載此事。

三年《舊五代史考異・周后妃傳》：「太祖聖穆皇后柴氏，邢州龍岡人。」句下邵晉涵曰：

> 案：「《龍川別志》作魏成安人。《東都事略・張永德傳》云：『周太祖柴后，本唐莊宗之嬪御也，莊宗沒，明宗遣歸其家，行至河上，父母迎之，會大風雨，止於逆旅數日。有一丈夫走過其門，衣敝不能自庇，后見之，驚曰：此何人耶？逆旅主人曰：此馬步軍郭崔兒者也。后異其人，欲嫁之，請于父母。父母志曰：汝帝左右人，歸當嫁節度使，奈何欲嫁此人？后曰：此貴人也，不可失也。囊中裝分半與父母，我取其半。父母知不可奪，遂成婚於逆旅中。』所謂郭崔兒，即周太祖也。此事《薛史》不載，蓋當時爲之諱言。」〔註48〕

《薛史》諱言周太祖后曾爲後唐莊宗之嬪妃，二雲於是徵引《東都事略》補述《薛史》闕載史事。

七、輯文補述考辨

在輯佚《舊五代史》的過程中，二雲發現諸書所引《薛史》原文不盡相同，或者《薛史》原文已殘闕佚失。二雲因此將搜輯所得異文作一比較辨正，若原篇已缺佚，則援引他史爲之補述，無使其事蹟隱晦不明。如：

一年《舊五代史考異・梁太祖紀一》：「賊將盧瑭領萬餘人於圍田北萬勝戍夾汴水爲營，跨河爲梁，以扼運路。」句下邵晉涵曰：

> 案：「《通鑑注》引《薛史・梁紀》曰：『盧瑭于圍田北夾汴爲梁，以扼運路。』視《冊府元龜》所引稍有刪節。」〔註49〕

〔註47〕同註34，卷1，頁39。
〔註48〕同註34，卷4，頁63～64。
〔註49〕同註34，卷1，頁4。

比較《通鑑注》和《冊府元龜》徵引《薛史》原文之異同。

二年《舊五代史考異‧梁太祖紀七》:「委中書各差官祈之。」句下邵晉涵曰:

> 案:「《通鑑》……今考友珪弒逆之事,《薛史》原文《永樂大典》已佚,《冊府元龜》亦無所徵引,謹附錄《通鑑》於此。」〔註50〕

朱友珪弒逆之事,《薛史》原文已佚,二雲引《通鑑》補之。

三年《舊五代史考異‧孟知祥傳》:「孟知祥。」句下邵晉涵曰:

> 案:「〈孟知祥傳〉,《永樂大典》原闕,今采《冊府元龜‧僭偽部》以存梗槩。」〔註51〕

〈孟知祥傳〉原文已佚,二雲以《冊府元龜》補之。

八、詳辨薛史正誤

《舊五代史》編纂之時,因多徵引實錄,對於史事之記載取捨,往往較他書確實可信,然也有考證不實的誤載狀況,二雲便根據諸史所述與《舊五代史》互相參核,辨別《舊五代史》記事之正確或訛誤。如:

一年《舊五代史考異‧梁末帝紀上》:「牛存節、劉鄩拔徐州。」句下邵晉涵曰:

> 案:「牛存節等克徐州,《薛史》本紀及〈蔣殷傳〉俱不書月,《五代春秋》及《歐陽史》皆作正月,《通鑑》作二月,據《通鑑考異》引〈朱友貞傳〉又作乾化四年十一月,疑皆屬傳聞之辭,當以《薛史》爲正。」
> 〔註52〕

牛存節等克徐州之月份,《歐陽史》、《通鑑》、《通鑑考異》之記載皆不同,二雲認爲《薛史》不書月份之作法最爲適當。

二年《舊五代史考異‧唐武皇紀下》:「甲寅,攻新州。」句下邵晉涵曰:

> 案:「甲寅字誤。下文十二月有辛亥、壬子、甲寅,則十一月不得有甲寅也。據《通鑑考異》,蓋《薛史》仍紀年錄之誤。」〔註53〕

據《通鑑考異》,正《薛史》紀日之誤。

三年《舊五代史考異‧高行周傳》:「承總管之厚恩,忍背之乎!」句下邵晉涵曰:

〔註50〕同註34,卷1,頁29～30。
〔註51〕同註34,卷5,頁31。
〔註52〕同註34,卷1,頁33。
〔註53〕同註34,卷2,頁8～9。

案：「《通鑑考異》云：『明宗時爲代州刺史，天祐十八年始爲副總管。』
蓋《周太祖實錄》之誤，《薛史》未及改正。」〔註54〕
據《通鑑考異》，正《薛史》紀年之誤。

九、考證他史之誤

諸史關於五代史事之記載，有一部份與《舊五代史》迥異，二雲於是根據諸書
所紀錄，考辨事件之根由，證明他史記載之誤。如：

一年《舊五代史考異‧太祖紀一》：「庚午。」句下邵晉涵曰：

案：「《通鑑考異》云：『長歷四月甲辰朔無庚午，《薛史》誤。』今
考《舊唐書》光啓三年四月正作甲辰朔，以數計之，庚午乃四月二十七
日也，此非《薛史》之誤，乃《通鑑考異》之誤耳。」〔註55〕
以《舊唐書》、《薛史》，考訂《通鑑考異》之誤。

二年《舊五代史考異‧朱友恭傳》：「貶崖州司戶。」句下邵晉涵曰：

案：「《北夢瑣言》云：朱全忠以朱友諒、氏叔琮扇動軍情，誅朱友
諒、氏叔琮，以成濟之罪歸之。友諒臨刑訴天曰：『天若有知，他日亦當
如我。』後全忠即位，爲子友珪所弒，竟如其言。考《歐陽史》、《通鑑》
俱作友恭，而《北夢瑣言》作友諒，殊誤。」〔註56〕
據《薛史》《歐陽史》、《通鑑》，考證《北夢瑣言》記載之誤。

三年《舊五代史考異‧李嗣昭傳》：「武皇乃以嗣昭爲昭義節度使。」句下邵晉
涵曰：

案：「《舊唐書》：天祐三年十二月戊辰，李克用與幽州之眾同攻潞州，
全忠守將丁會以澤、潞降太原，克用以其子嗣昭爲留後。甲戌，全忠燒長
蘆營旋軍，聞潞州陷故也。考嗣昭本克柔養子，《舊唐書》以爲武皇子，
殊誤。」〔註57〕
考證《舊唐書》記載之誤。

十、並列史事異文

五代史事，諸史所載，往往迥異。二雲若不能爲之考辯論證，便臚列諸史異

〔註54〕同註34，卷4，頁67～68。
〔註55〕同註34，卷1，頁4。
〔註56〕同註34，卷1，頁74～75。
〔註57〕同註34，卷2，頁82～83。

說，以備學者參酌，不敢輕下結論。如：

一年《舊五代史考異·梁太祖紀一》：「十一月，滑州節度使安師儒以怠於軍政，爲部下所殺。」句下邵晉涵曰：

> 案：「《舊唐書》云：十月壬子朔，滑州軍亂，逐其帥安師儒，推衙將張驍主留後軍務，師儒奔汴，朱全忠殺之。《新唐書》云：十月，朱全忠陷滑州，執義成軍節度使安師儒。《歐陽史》從《舊唐書》作奔汴，《通鑑》從《新唐書》作被擄，據《薛史》則師儒自爲部下所殺，與《新》、《舊唐書》異。又《新》、《舊唐書》俱作十月，而《薛史》作十一月，《通鑑》仍從《薛史》。」〔註58〕

滑州節度使安師儒因怠於軍政，究竟爲部下所殺，或出走，或被擄，諸史記載不一，二雲皆臚列於《薛史》文後。

二年《舊五代史考異·唐武皇紀上》：「以武皇爲大同軍節度使。」句下邵晉涵曰：

> 案：「《歐陽史》作拜克用爲大同軍防禦使，《新唐書》作以國昌爲大同軍防禦使，《通鑑》作以國昌爲大同節度使，俱與《薛史》異。」〔註59〕

此次拜大同軍節度使究爲何人，《歐陽史》、《新唐書》、《通鑑》之記載，俱與《薛史》異。

三年《舊五代史考異·晉高祖紀二》：「安州軍亂，指揮使王暉害節度使周環于理所。」句下邵晉涵曰：

> 案：「王暉害周環，《五代春秋》、《通鑑》俱不書日，《歐陽史》作丙子，《薛史》作甲戌，諸史所載俱異。」〔註60〕

王暉害周環之確切日期，《五代春秋》、《歐陽史》、《薛史》俱異，二雲皆並列之。

十一、臚列存疑史事

二雲將《舊五代史》與諸史相互參較，發現《舊五代史》之記載可能有錯誤，但是又無確切證明爲據，二雲因此將其懷疑書於冊，以待後人之辨別。如：

一年《舊五代史考異·唐武皇紀上》：「爲雁門節度使。」句下邵晉涵曰：

> 案：「《新唐書表》：『中和二年，以河東忻、代二州隸雁門節度。更大同節度爲雁門節度，治代州。是中和二年以前，雁門非鎮名也。』據《舊

〔註58〕同註34，卷1，頁3～4。
〔註59〕同註34，卷2，頁2。
〔註60〕同註34，卷3，頁6。

唐書》:『初，赦克用，拜代州刺史、忻代兵馬留後。二年，擢雁門節度、

神策天寧軍鎮遏、忻代觀察使。』是克用爲雁門節度實在二年，《薛史》

疑誤。」〔註61〕

二雲根據《新唐書表》、《舊唐書》，懷疑《薛史》記載李克用爲雁門節度使之時間可

能有誤。

二年《舊五代史考異・唐明宗紀七》:「辛巳，西面軍前奏，今月十三日，階州

刺史王弘贄、瀘州刺史馮暉，自利州取山路出劍門關外倒下，殺敗董璋守關兵士三

千人，收復劍州。」句下邵晉涵曰:

案:「《通鑑考異》引《唐實錄》作今月十三日，大軍進攻入劍門次。

十七日，收下劍州。《薛史》統繫于十三日，疑有舛誤。」〔註62〕

攻入劍門次與收復劍州的日期，《通鑑考異》之記載與《薛史》不同，二雲懷疑是

《薛史》舛誤。

三年《舊五代史考異・職官志》:「其立位宜次崔梲。」句下邵晉涵曰:

案:「《宋史・張昭傳》:『晉天福二年，宰相桑維翰薦昭爲翰林學士。

內署故事，以先後入爲次，不繫官序，特詔昭立位次承旨崔梲。』據《宋

史》則此勅當在晉天福中，《薛史》繫於唐天成三年後，疑原本有脫誤。」

〔註63〕

特詔張昭立位次承旨崔梲，是在後晉天福年間，《薛史》繫於後唐天成三年後，二

雲懷疑其載誤。

十二、考述五代制度

《舊五代史》記載制度，或簡略爲之，或未詳述其根由，二雲詳考五代之新制

舊典，俾讀者一目瞭然。如:

一年《舊五代史考異・梁太祖紀六》:「又命將作少監姜宏道爲朗州旌節官使

副。」句下邵晉涵曰:

案:「《五代會要》:舊制，巡撫、黜陟、冊命、弔贈、入番等使，選

朝臣爲之，其宣慰、加官、送旌節，即以中官爲之，今以三品送旌節，新

例也。」〔註64〕

〔註61〕同註34，卷2，頁2。
〔註62〕同註34，卷2，頁73。
〔註63〕同註34，卷5，頁55。
〔註64〕同註34，卷1，頁26～27。

舊制送旌節，以中官爲之；今以三品送旌節，新例也。

二年《舊五代史考異・晉高祖紀三》：「前興元節度使張筠卒于西京，輟視朝一日。」句下邵晉涵曰：

> 案：「《五代會要》：太常禮院申：『准故事，前節度使無例輟朝。』勅：『宜特輟一日朝參。』」〔註65〕

舊例，節度使卒，並無輟朝之例。晉高祖爲張筠之卒，特詔輟朝一日，此爲新例。

三年《舊五代史考異・姚顗傳》：「遂拜中書侍郎、平章事。」句下邵晉涵曰：

> 案：「《歐陽史》本傳云：顗爲人仁恕，不知阡陌銖兩之數，御家無法，在位齪齪無所爲。唐制，吏部分三銓，尚書一人曰尚書銓，侍郎二人曰中銓、東銓，每歲集以孟冬三旬，而選盡季春之月。天成中，馮道爲相，建言天下未一，選人歲纔數百，而吏部三銓分注，雖曰故事，其實徒煩而無益，始詔三銓合而爲一，而尚書侍郎共行選事。至顗與盧文紀爲相，復奏分銓爲三，而循資長定舊格，歲久多舛，因增損之，選人多不便之，往往邀遮宰相，喧訴不遜，顗等無如之何，廢帝爲下詔書禁止。」〔註66〕

唐制，吏部分三銓。馮道爲相，請詔合三銓爲一；姚顗爲相，復奏分銓爲三。卻因選人多有不便，又下詔禁止。此述吏部分銓之演變情形。

十三、考論五代史事

五代史事，傳聞各異；諸史所載，或有重出。二雲徵引諸書，詳考辨正，以期得出一個接近事實的說法。如：

一年《舊五代史考異・梁末帝紀中》：「癸未，制削奪兗州節度使張守進在身官爵，以其叛故也。」句下邵晉涵曰：

> 案：「張守進歸晉，〈本紀〉繫於五年三月，〈張萬進傳〉作四年七月，〈劉鄩傳〉仍作五年。《通鑑考異》嘗並舉〈紀〉、〈傳〉之互文以明《薛史》之難據，因定從《莊宗實錄》作四年八月。今以當日事勢考之，藩鎮反覆，向背無常，陰謀詭祕，姑示含容，討罪遣師，須有顯迹。蓋守進潛附於晉，自在四年秋，至削奪官爵，聲罪致討，則五年春事也。《薛史》采用舊聞，不加修飾，故語必徵實。若《五代春秋》以守進叛爲五年事，《歐陽史》又以劉鄩討之爲四年事，皆刪改成文，自爲臆斷，不如《薛史》

〔註65〕同註34，卷3，頁6。
〔註66〕同註34，卷3，頁52～53。

之存其實也。」〔註67〕

二雲說明張守進潛附於晉，在四年秋；至削奪官爵，聲討其罪，則在五年春。《薛史》記載較爲徵實。

二年《舊五代史考異·唐武皇紀上》：「徵諸道兵以討之。」句下邵晉涵曰：

案：「《舊唐書·懿宗紀》：『咸通十三年十二月，李國昌小男克用殺雲中防禦使段文楚，據雲州，自稱防禦留後。』《新唐書·僖宗紀》：『乾符五年二月癸酉，雲中守捉使李克用殺大同防禦使段文楚。』《歐陽史》從《舊唐書》，《通鑑》從《新唐書》。《薛史》作乾符三年，與諸書異。據《通鑑考異》引趙鳳《後唐太祖紀年錄》正作乾符三年。趙鳳爲唐宰相，去武皇時不遠，見聞較確，宜可徵信云。」〔註68〕

李克用殺段文楚的時間，諸史所載不同，二雲認爲趙鳳爲唐宰相，見聞較近，其說爲可信，因此《薛史》作乾符三年當得其實。

三年《舊五代史考異·梁漢璋傳》：「與契丹騎五千相遇于浮陽之北界，苦戰竟日，以眾寡不侔，爲流矢所中，歿於陣。」句下邵晉涵曰：

案：「《遼史·高模翰傳》云：『晉以魏府節度使杜重威領兵三十萬來拒，模翰以麾下三百人逆戰，殺其先鋒梁漢璋，餘兵敗走。』與《薛史》異。考《通鑑》云：『杜重威等至瀛州，聞契丹將高模翰已引兵潛出，重威遣梁漢璋將二千騎追之，遇契丹于南陽務，敗死。』蓋漢璋以二千騎當敵騎五千，眾寡不侔，以致敗績，《遼史》恐不足據。」〔註69〕

《薛史》記載梁漢璋因寡不敵眾而戰死，與《遼史》所記不同，二雲又引《通鑑》，認爲《遼史》不足爲據。

第四節　輯《舊五代史》之評價

邵晉涵從《永樂大典》徵引《舊五代史》原文，再參考《冊府元龜》、《五代會要》、《太平御覽》、《續通鑑長編》、《九國志》等書，輯佚成編，使《舊五代史》恢復十之八九的舊觀，歷來對其輯佚《舊五代史》之成績，一直有很高的評價，例如：

彭元瑞〈舊五代史鈔本題跋〉：「《永樂大典》散篇緝成之書，以此爲最，以其注明《大典》卷數及採補書名、卷數，具知存闕章句，不沒其實

〔註67〕同註34，卷1，頁37～38。
〔註68〕同註34，卷2，頁1～2。
〔註69〕同註34，卷3，頁60。

也。」〔註70〕

　　梁啓超《中國近三百年學術史》:「邵二雲輯《五代史》功等新編,故
最優。」〔註71〕

　　顧力仁《永樂大典及其輯佚書研究》:「邵氏就大典輯其所引五代薛
史,非獨爲庫輯本之著者,實亦爲輯佚史上一大工程。」「邵晉涵之輯薛
史,皆明大典出處,更是輯佚學之典範。」〔註72〕

　　宋衍申〈舊五代史〉:「清乾隆三十八年開四庫全館,從《永樂大典》
中輯出佚書三百八十五種,共四千九百二十六卷,其中《舊五代史》是最
有影響的一部。」〔註73〕

由上引的各家說法看來,邵晉涵的確對《舊五代史》重現世人面前有很大的貢獻。
他重新編排薈萃《舊五代史》的輯佚方法,也深受讚譽。

　　雖然輯本的後世評價很高,但是輯本畢竟不是薛史原本,而且乾隆時期,輯本
所據最重要的《永樂大典》已有十分之一散失,當時的《永樂大典》不是完本,以
之爲基礎作搜輯工作,也必定有部分的闕文與不完備處。然而這個限制是先天造成,
乃人力所不可挽回的,吾人不得以此責難邵晉涵。乾隆四十年(1775),邵晉涵編輯
《舊五代史》成書後,他即南歸丁憂,一直到四十九年(1784),館臣請刻殿本,在
這九年之中,四庫館臣爲了政治上的顧忌,對輯本文字作出部分刪改變動。因此「輯
本校錄遺文,最大的問題是出於政治顧忌的諱改。」〔註74〕

　　對舊時代的知識份子來說,許多學術上的堅持,往往抵不過政治的干涉與介入。
邵晉涵原輯本之被刪易,爲眾人所熟知,章鈺說:「薛居正《舊五代史》從《永樂大
典》輯出,經武英殿刊行時改動,已失邵二雲稿本面目,此熟在人口也。」〔註75〕
彭元瑞又說:「《永樂大典》散篇緝成之書,以此爲最,以其注明《大典》卷數及採
補書名、卷數,具知存闕章句,不沒其實也。《四庫全書》本如此,後武英殿鑴本遂
盡刪之,曾屢爭之總裁,不見聽,於是薛史眞面目不可尋究矣。」〔註76〕由於《舊
五代史》因係採輯成書,邵晉涵於每段正文之下俱注明輯文出處,殿本刊刻時,總
裁認爲各部正史均無此例,便將輯文出處盡數刪去,彭元瑞等人雖屢爭之,武英殿

〔註70〕同註15,頁2033彭元瑞〈舊五代史鈔本題跋〉。
〔註71〕梁啓超《中國近三百年學術史》(台北:里仁書局,2002年8月),頁379。
〔註72〕同註14,頁337、380。
〔註73〕宋衍申〈舊五代史〉《中國史學名著評介》(台北:里仁書局,1994年4月),頁700。
〔註74〕陳尚君〈清輯舊五代史評議〉,《學術月刊》(1999年第9期),頁105。
〔註75〕同註15,頁2034〈孔葒谷校薛居正五代史跋〉。
〔註76〕同註15,頁2033〈舊五代史鈔本題跋〉。

本仍將輯文出處盡數刪削。所幸還有彭元瑞、盧文弨、孔繼涵等人的抄本，仍存輯本之舊，保留輯文的出處，益覺其彌足珍貴。

　　雖然輯本有不足處，但是以今日僅存的八百多卷《永樂大典》，已經不可能再輯出一部比邵輯本更完備的《舊五代史》。陳尚君雖對輯本多有疵議，也不得不承認「梁啓超就此而稱許該書『功等新編，故最優』，並非過譽。」〔註77〕所以二雲保存《舊五代史》原文史料仍功不可沒。

〔註77〕同註74，頁104。

第六章　邵晉涵之目錄學

　　自西漢劉向開始，撰寫書籍提要一直是我國編制目錄的優良傳統。《四庫全書總目提要》融集古代諸家目錄之長，成為目錄學的集大成之作，其提要撰寫原則「每書先列作者之爵里，以論世知人；次考本書之得失，權眾說之異同；以及文字增刪，篇帙分合，皆詳為訂辨，巨細不遺。」〔註1〕乾隆三十八年（1773），邵晉涵被徵召入四庫全書館，除了擔任《永樂大典》的輯佚工作外，又為提要起稿人之一，史學諸書多由邵晉涵定其略，其提要亦多出其手。〔註2〕然而，因為邵晉涵原纂提要與今本提要不盡相同，可知其經過一番更改刪削，因此本章依據現行的《四庫全書總目提要》與邵晉涵之原纂提要相互比較，究論兩者之異同。

　　邵晉涵所撰提要有許多談論修史義例、原則的編纂思想。另一方面也探究史書名實流變、史家學術淵源、著書動機、考訂史書之離合存佚、析論史書之得失等，凡此皆屬目錄學「辨章學術、剖析源流」之範圍。今據邵晉涵之原纂提要分析其編纂思想與目錄學之價值。

第一節　《四庫》史部提要之刪改情形概述

　　邵晉涵撰寫的《四庫提要》，現存三十七篇。除了《趙端肅奏議》未收入《四庫全書總目》外，其餘三十六種中，經部四種，史部二十七種，子部一種，集部四種，在史部的二十七種提要裡，正史佔了二十二種：《史記》、《漢書》、《後漢書》、《晉書》、《宋書》、《南齊書》、《梁書》、《陳書》、《魏書》、《北齊書》、《周書》、《隋

〔註1〕永瑢等著《四庫全書總目》（台北：臺灣商務印書館，1983年10月）卷首凡例，頁6。

〔註2〕阮元〈南江邵氏遺書序〉，《南江文鈔》（上海：上海古籍出版社，1995年）卷首。

書》、《南史》、《北史》、《舊唐書》、《新唐書》、《五代史記》、《宋史》、《遼史》、《金史》、《元史》、《明史》。另有兩部《史記》名注：《史記集解》、《史記正義》。由二雲所纂提要之範疇看來，清代二十四部正史，只有《三國志》和《舊五代史》的提要不是由他撰擬，正史在史部排列第一，地位亦最爲重要，可知邵晉涵在四庫館對史部之影響。不過邵晉涵所纂提要，與現今通行的《四庫全書總目提要》並不完全相同，其中有一些篇章甚至全部改易，這是與當時纂修《總目提要》的分工情形，以及傾向漢學考證方向有關。

　　《四庫全書》在所收錄的每一項著作之前，均冠有一篇提要，將每書的原委作一簡短扼要的評論，最後彙輯所有提要，編爲《四庫全書總目提要》。不過對於這些提要的作者，歷來多歸功於紀昀一人所撰，〔註3〕以實情論之，提要種類數目之多，即使再博學通達之學者，也不太可能盡有涉獵。更何況以十餘年之功，欲爲此萬餘部圖書作簡要評論，單憑一人之力實難完成。李慈銘曾記載四庫館當時分工的情形說：「總目雖紀文達、陸耳山總其成，然經部屬之戴東原；史部屬之邵南江；子部屬之周書昌，皆各集所長。」〔註4〕四庫館總裁于敏中曾致書陸錫熊：「提要稿吾故知其難，非經足下及曉嵐學士之手，不得爲定稿。」〔註5〕由上述二說看來，吾人可以大致勾勒出當時四庫館的分工情形，先依照每個人的學術專長，分配撰述提要的書籍，當時的館臣如邵晉涵、翁方綱、姚鼐、戴震、周永年、余集、任大椿、盧文弨等人，都留存部分提要稿在其著作當中，也可見所謂《總目提要》非成於一人之手。不過上述諸人的原稿與今《總目提要》皆有部分出入，其中必經過刪改潤色，而負責刪潤劃一工作的，就是陸錫熊和紀昀。因爲陸氏早歿，提要之審訂工作，便由紀昀總其成，因此後人習慣稱總纂官紀昀爲提要作者。

　　總理四庫提要的紀昀，被認爲是一位「提倡『尊漢抑宋』考證學風的健將」〔註6〕；四庫全書館是「漢學家大本營」〔註7〕；《總目提要》被視爲一部「漢學思想的結晶體。」〔註8〕由此可知，紀昀總成四庫提要時，是在一種尊漢抑宋的考證學基調下進行。是以《總目提要》所載偏重史料的考訂、文字的校勘、史書的編纂概況；二雲提要則常

〔註3〕　朱珪〈協辦大學士禮部尚書文達紀公昀墓誌銘〉，《碑傳集》（台北：明文書局，1985年）卷38，頁11：「公綰書局，筆削考核，一手刪定，爲全書總目。」江藩《國朝漢學師承記》（台北：明文書局，1985年）卷6，頁4：「《四庫全書提要》、《簡明目錄》，皆出於公手。」
〔註4〕　李慈銘《孟學齋日記・丙集上》（台北：文光圖書公司，1963年），頁32。
〔註5〕　于敏中《于文襄公手札》（台北：文海出版社，1968年），頁94。
〔註6〕　張維屏《紀昀與乾嘉學術》（台北：台大出版委員會，1998年6月），頁2。
〔註7〕　梁啓超《中國近三百年學術史》（台北：里仁書局，2002年），頁30。
〔註8〕　同註7。

闡發史學思想、義例，評論史書之價值、筆法、淵源。是《總目提要》多辨證語，二雲提要多議論語。〔註9〕因爲二雲所撰與著重考證的編輯方向有所差異，是以多遭刪改，〔註10〕不復其原來面貌。例如：

　　關於《史記》，《總目提要》與二雲提要全篇皆異。二雲在《史記》提要中，先考書名之流變；其次探究司馬遷之學術淵源、文章體制；再次評論《史記》三家注之得。而《總目提要》將二雲提要全部刪落，先考證褚少孫補綴《史記》之事；繼之證明《史記》雖曾有竄亂散佚，然指稱《史記》非司馬遷原本，則非事實；最後討論《史記》之版本。是二雲著重探論《史記》的義例、史法；《總目提要》則著重在《史記》的篇帙存佚、字句增損等考證上。

　　關於《史記集解》，二雲此提要之大半篇幅，在比較監本、坊本、毛本之優劣，因此《總目提要》對於二雲之徧數監本、坊本之訛脫，大抵全部照錄。關於《後漢書》，二雲提出「史以紀實」的史法義例，以及評論范曄創立類傳之得失、影響，俱爲《總目提要》黜落，反而根據二雲兩、三句話，〔註11〕就作了將近兩百字的考據。〔註12〕關於《周書》，二雲一句「惜其書久而殘闕」，〔註13〕就引出《總目提要》以七十三字考證；〔註14〕二雲又說：「劉知幾嘗譏《周史》擅飾虛詞，都捐實事。」〔註15〕，《總目提要》竟用二百多字考據劉知幾之說。〔註16〕這是《總目

〔註9〕　黃雲眉《清邵二雲先生晉涵年譜》（台北：台灣商務印書館，1982年），頁40。
〔註10〕　譚獻《復堂日記》（台北：新文豐出版公司，1989年）卷1，頁25：「閱邵二雲先生集諸史提要，語見淵源，深識玄解，因檢官本互勘，多所刪改矣。」
〔註11〕　邵晉涵《南江文鈔》（上海：上海古籍出版社，1995年）卷12，頁16〈後漢書提要〉：「《舊唐書·經籍志》又有范氏《後漢書論贊》五卷，殆以范氏文體高於六朝諸人，而愛其文辭者，遂摘取其論贊，別爲一書。」
〔註12〕　同註1，卷45，頁24～25〈後漢書提要〉：「隋唐志均別有蔚宗《後漢書論贊》五卷，《宋志》始不著錄，疑唐以前論贊，與本書別行，亦宋人散入書內。然《史通·論贊篇》曰：馬遷自序傳後，歷寫諸篇，各敍其意。既而班固變爲詩體，號之曰述。蔚宗改彼述名，呼之以贊。固之總述，合在一篇，使其條貫有序。蔚宗後書，乃各附本事，書於卷末，篇目相離，斷絕失序。夫每卷立論，其煩已多，而嗣論以贊，爲黷彌甚，亦猶文士製碑，序終而續以銘曰。釋氏演法，義盡而宣以偈言云云。則唐代范書論贊，已綴卷末矣，史志別出一目，所未詳也。」
〔註13〕　同註11，頁31。
〔註14〕　同註1，卷45，頁50～51〈周書提要〉：「晁公武《郡齋讀書志》稱宋仁宗時，出太清樓本，合史館祕閣本，又募天下書，而取夏竦李巽家本，下館閣是正其文字。其後林希王安國上之，是北宋重校，尚不云有所散佚。今考其書，則殘闕殊甚。」
〔註15〕　同註11，頁31。
〔註16〕　同註1，卷45，頁51～52〈周書提要〉：「劉知幾《史通》曰：今俗所行《周史》，是令狐德棻等所撰。其書文而不實，雅而不檢，眞迹甚寡，客氣尤繁。尋宇文開國之初，事由蘇綽，軍國詞令，皆準尚書，太祖敕朝廷，他文悉準於此。蓋史臣所記，

提要》注重餖訂、考證，又一次具體的展現。

關於《晉書》，二雲此書之提要，多議論較爲激烈之文字。如：舉馮紞、張華之事，說明史家義例在闡發治亂之源；引馬敦一事，說明史書當發揮獎勸立功之臣；述郭琦之事，說明史書在扶植社會風教。《總目提要》則刪去二雲所提出的這三則史家義例，只以馬敦、郭琦二事，證明《晉書》「其所褒貶，略實行而獎浮華；其所採擇，忽正典而取小說。」〔註17〕又將二雲批評房喬之語，「修《晉書》者，多浮華之士，好引雜事以資談柄，而不明於史家義例。」〔註18〕改成「其所載者，大抵宏獎風流，以資談柄。」〔註19〕是二雲之激烈議論，《總目提要》改易以和緩之語。這種情形在《五代史記》的提要表現得尤爲明顯，二雲譏議歐陽修重修五代史事之缺失三點：取材不富、書法不審、掌故不備。俱爲《總目提要》刪去，而改易以「修作是書，僅司天職方二考，寥寥數頁，餘概從刪。雖曰世衰祚短，文獻無徵，然王溥《五代會要》，蒐輯遺編，尚衮然得三十卷，何以經修編錄，乃至全付闕如！此由信《史通》之謬談，成茲偏見。元纂宋、遼、金三史，明纂元史，國朝纂明史，皆仍用舊規，不從修例，豈非以破壞古法不可以訓乎。此書之失，此爲最大。」〔註20〕是二雲提要接連三段「所恨於修者」之激烈指摘，《總目提要》以較爲緩和持平的語氣說明。

關於《宋史》，二雲花費極大篇幅論述其疏陋訛舛，《總目提要》在「抑宋」的指導原則下，除照單全收二雲之評議外，又增加一段譏刺文字：「其書僅一代之史，而卷帙幾盈五百，檢校既已難周，又大旨以表章道學爲宗，餘事皆不甚措意，故舛謬不能彈數。」〔註21〕此外，並刪除二雲唯一一句評論《宋史》之得的話：「創立周三臣傳，亦可爲後來修史之法。」〔註22〕是以綜觀《總目提要》之《宋史》提要，通篇竟只有數不清的繆誤，卻無一點價值存在，其抑宋也未免過矣。

關於《金史》，因爲清朝未入關前，國號一度稱爲後金，以遠承女眞自居，所以

皆稟其規，柳之徒，從風而靡。案緯文雖去彼淫麗，存茲典實，而陷於矯枉過正之失，乖乎適俗隨時之義，苟記言若是，則其謬愈多。爰及牛宏，彌尚儒雅，即其舊事，因而勒成，務累清言，罕逢佳句，而令狐不能別求他述，用廣異聞，惟憑本書，重加潤色，遂使周氏一代之史，多非實錄。又議其以王劭、蔡允恭、蕭韶、蕭大圜、裴政、杜臺卿之書，中有俚言，故致遺略，其詆諆德棻甚力。」

〔註17〕 同註1，卷45，頁37〈晉書提要〉。
〔註18〕 同註11，頁18〈晉書提要〉。
〔註19〕 同註1，卷45，頁38〈晉書提要〉。
〔註20〕 同註1，卷46，頁12～13〈新五代史記提要〉
〔註21〕 同註1，卷46，頁15〈宋史提要〉。
〔註22〕 同註11，頁49〈宋史提要〉。

《總目提要》在描述金人時，以罕見的推崇語氣，讚譽其典章制度之昌盛。二雲原文本爲：「金人重典章，修法制，實錄以時纂輯，中原文學，彬彬稱盛，撰著之書，多有裨於史事。」〔註23〕《總目提要》增潤成：「金人肇基東海，奄有中原，制度典章，彬彬爲盛，徵文考獻，具有所資。即如大金弔伐一錄，自天輔七年，交割燕雲；及天會三年，再舉伐宋；五年廢宋立楚；至康王南渡，所有國書、誓誥、冊表、文狀、指揮、牒檄，以載於故府案牘者，具有年月，得以編次成書。是自開國之初，即已遺聞不墜。」〔註24〕這種迎合當政者的頌揚文字，在專制時代的官修書籍中時有所見。

第二節　《四庫》史部提要之史書編纂思想

　　邵晉涵所撰寫的史部提要，除了考察史書流變、版本、存佚、得失等目錄學要點外，他也將史家義例、修史原則、史書功用等史書編纂之方法、體例，貫徹至史部提要之中，以下就根據二雲之提要，分論其史書編纂思想十點，並舉例疏證如後。

一、史書紀載從實

　　邵晉涵認爲史書的重要功能之一，在忠實地反映歷史的本來面目，〔註25〕因此他批評范曄《後漢書》創立了〈獨行〉、〈黨錮〉、〈逸民〉三傳的後果，范氏雖是基於東漢之社會風氣創傳，然而影響所及，後世史家多分門類，「宋人論史者，不量其事之虛實，而輕言褒貶，又不顧其傳文之美刺，而爭此一二字之名目爲升降，輾轉相遁，出入無憑，執簡立爭，腐毫莫斷，昚范氏階之厲也。」〔註26〕歷史人物的經歷複雜多變，如何能以兩字之品題，論斷其一生功過，所以二雲主張「史以紀實，綜其人之顛末，是非得失，灼然自見。」〔註27〕反對不衡量時代風氣，只盲從前史的名目來褒貶人物。

　　基於史以紀實的原則，二雲認爲史書文字之文質並不重要，只要依照當代的風尚爲之，文或質並無傷大雅。因此劉知幾譏刺《周書》「擅飾虛詞，都捐實事」，晁公武批評《周書》「務清言而非實錄。」〔註28〕二雲認爲劉、晁二氏之說，皆非篤

〔註23〕同註11，頁52〈金史提要〉。
〔註24〕同註1，卷46，頁23〈金史提要〉。
〔註25〕同註11，頁15〈後漢書提要〉：「夫史以紀實，綜其人之顛末，是非得失，灼然自見。」又同註11，頁31～32〈周書提要〉：「夫文質因時，記載從實。」
〔註26〕同註11，頁15〈後漢書提要〉。
〔註27〕同註11，頁15〈後漢書提要〉。
〔註28〕同註11，頁31〈周書提要〉。

論。他爲《周書》辨解說:「夫文質因時,記載從實。良以周代尙文,仿古制言,文章爾雅,載筆者勢不能易彼妍辭,改從俚語。至於敵國詆諮,里巷諺謠,削而不書,史之正體,豈得用是爲譏議哉!德棻旁徵簡牘,意在摭實,故〈元偉傳〉後,於元氏戚屬之事跡,湮沒者猶考其名位,連綴附書,深有合于史家闕疑傳信之義。〈庾信傳〉論,仿《宋書》〈謝靈運傳〉之體,推論六義源流,于信獨致微辭,蓋見當世競宗徐、庾,有意于矯時之弊者,亦可見其不專尙虛辭矣。書雖殘闕,而義例之善,有非《北史》所能掩者,豈徒取其文體之工哉!」〔註29〕二雲這種「文質因時,記載從實」的主張,有利於還原歷史的本來面目,其認識是相當正確的。

二、修史不輕褒貶

二雲認爲史家必須秉筆直書,但是卻不能對歷史人物、事件,以一己之好惡,隨便加以評價,一旦下了定論,也必須平正公允。他在〈新唐書提要〉就道出這種褒貶要審愼的態度:「使修、祁修史時,能溯累代史官相傳之法,討論其是非,決擇其輕重,載事務實,而不輕褒貶,立言扶質,而不尙揰搐,何至爲後世譏議,謂史法之敗壞,自《新書》始哉!」〔註30〕二雲在〈後漢書提要〉也提及對宋人輕言褒貶的不滿:「宋人論史者,不量其事之虛實,而輕言褒貶,又不顧其傳文之美刺,而爭此一二字之名目爲升降,輾轉相遁,出入無憑,執簡立爭,腐毫莫斷,胥范氏階之屬也。」〔註31〕

二雲既然認爲史家不應該輕言褒貶,因此他對持論公正,褒貶確當的史書多所表揚,如論《南齊書》:「紀建元創業諸事,載沈攸之之書於〈張敬兒傳〉;述嚴靈寶語於〈王敬則傳〉。直書無隱,尙不失是非之公。」〔註32〕至於對褒貶不公的史書,二雲便直斥其誤,如論《元史》:「泰定、天歷之間,多徇曲筆。……條例之不明,褒貶之不實,與夫引用原文,失其義指,當日修史諸臣亦難辭其咎矣!」〔註33〕

三、因應時代立傳

邵晉涵認爲時代的風氣,各朝或有不同,修史者應該根據當代的社會風尙立傳,以考見一代之特色。例如:東漢崇尙氣節,因此隱逸山林之士多,特立獨行之人眾,士人與宦官相抗,又引起黨錮之禍,因此范曄創立〈獨行〉、〈黨錮〉、〈逸

〔註29〕 同註 11,頁 31〜32〈周書提要〉。
〔註30〕 同註 11,頁 43〈新唐書提要〉。
〔註31〕 同註 11,頁 15〈後漢書提要〉。
〔註32〕 同註 11,頁 22〈南齊書提要〉。
〔註33〕 同註 11,頁 56〈元史提要〉。

民〉三傳，「表彰幽隱，搜羅殆盡。」〔註34〕所增〈文苑〉、〈列女〉諸傳，「諸史相沿，莫能刊削。蓋時風眾勢，日趨於文，而閨門為風教所繫，當備書於簡策，故有創而不廢也。」〔註35〕論《明史》則謂：「自永樂始任中官，至正統、成化、正德、天啟，而閹宦之禍烈矣。然非群小附之，勢尚未熾，正德以後，結近侍者實繁有徒，創立〈閹黨傳〉，所以窮其醜類也。土司向背靡常，興師命帥，旋撲旋滋，與明代相終始，創立〈土司傳〉，見綏輯之無遠略也。」〔註36〕蓋前述史書所增〈獨行〉、〈黨錮〉、〈逸民〉、〈文苑〉、〈列女〉、〈閹黨〉、〈土司〉諸傳，皆依時代之風尚而創立，於讀史者實有裨益。後世崇尚既異，若仍因襲前史之獨創，不免蹈宋人相沿《後漢書》之病。〔註37〕

四、史家修史義例

　　史家義例必先闡明治亂之原，邵晉涵以《晉書》為例：〈張華傳〉與〈馮紞傳〉俱載張、馮兩人相疾如讐，卻未曾說明致讐之緣由。二雲引《太平御覽》說：「處士馮恢為散騎侍郎，張華曰：『臣請觀之，若不見臣，上也；見而有傲世之容，次也；敬而為賓主者，固俗士也。』及華至，恢待之恭，時人少之。」〔註38〕這就是張、馮兩人恩怨之由來。二雲認為「晉武之任馮紞而疏張華，有關於治亂之原，而傳不明言其故，是刪節之未當也。」〔註39〕此房喬等修史者不明史法義例。

　　史家義例之二，在獎勸立功之臣。二雲說：「《文選》注引臧容緒、王隱書，馬敦立功孤城，死於非罪，後加贈祭，而《晉書》不為立傳，又不附見於周處、孟觀等傳，豈所以勸立功之臣乎！」〔註40〕是《晉書》於立功之臣有所闕漏。此弊亦見於《宋史》，如「汴京之破，失載王履之奉使盡節。南宋之末，失載王堅之守城不降。是其於忠義之士、立功之臣，尚多闕落，尤為疏漏之大者矣。……南唐劉仁瞻之死節，歐陽修五代史記、司馬光通鑑俱為證明，而宋史仍作以城降。」〔註41〕是《宋史》不僅闕落盡節守義之忠臣，於殉節不屈之臣，竟不考其詳實，而作降敵，更是

〔註34〕同註11，頁15〈後漢書提要〉。

〔註35〕同註11，頁15〈後漢書提要〉。

〔註36〕同註11，頁58〈明史提要〉。

〔註37〕同註11，頁15〈後漢書提要〉：「宋人論史者，不量其事之虛實，而輕言褒貶，又不顧其傳文之美刺，而爭此一二字之名目為升降，輾轉相遁，出入無憑，執簡立爭，腐毫莫斷，胥范氏階之屬也。」

〔註38〕同註11，頁17～18〈晉書提要〉。

〔註39〕同註11，頁18〈晉書提要〉。

〔註40〕同註11，頁18〈晉書提要〉。

〔註41〕同註11，頁48〈宋史提要〉。

大違史書獎勸立功之臣的微意。

史家義例之三,在表彰社會風教。二雲批評《晉書》闕載郭琦之事,因琦曾仕武帝,趙王篡位,欲用之,琦卻推辭,後終於其家。〔註42〕《晉書》削而不載郭琦,「何所以扶植風教!」〔註43〕又東漢崇尚氣節,影響所及,女子亦重貞節,因此《後漢書》創設〈文苑〉、〈列女〉諸傳,「諸史相沿,莫能刊削。蓋時風眾勢,日趨於文,而閨門為風教所繫,當備書於簡策,故有創而不廢也。」〔註44〕所以二雲對李延壽《南史》不立〈列女傳〉多有責難,「〈孝義傳〉搜綴湮落,以備闕文,而蕭矯妻羊,衛敬瑜妻王,先後互載,男女無別,將謂史不當有列女傳乎!」〔註45〕「《北史》謂魏、隋有〈列女傳〉,齊、周並無此篇,今又得趙氏、陳氏附備列女篇。然則《南史·孝義傳》所載宛陵女子等十四人,寧不當別編為〈列女傳〉,又此外寧更無可采補者耶!」〔註46〕又二雲於《宋史》提要多指其疏舛訛謬,獨對《宋史》創立〈周三臣傳〉,表揚韓通、李筠、李重進三人不仕趙宋之忠義,讚譽為「可為後來修史之法。」〔註47〕此用意亦在表彰貞義死節之士,發揚社會之道德風教。

五、補充前史未備

史書代代相承,其要旨在接續前人敘事之舊,補充前史所未備。因此二雲稱許《後漢書》說:「儒林考傳經源流,能補前史所未備。」〔註48〕又論沈約「終身於史職,故於累朝掌故,周析條貫」〔註49〕,所以《宋書》「諸志,實能裨前史所未備。」〔註50〕晁公武譏刺沈約「失於限斷」〔註51〕,二雲為之反駁說:「諸志之追述前代,亦猶班固漢書增載地理,上敘九州,創設五行演明鴻範,用以補史記之闕,史家之義應爾也。」〔註52〕至於不能與前史前後相貫之史書,二雲也毫不

〔註42〕 同註11,頁18〈晉書提要〉:「《御覽》引王隱晉書云:『武帝欲以郭琦為佐著作郎,問尚書郭彰,彰憎琦不附己,答以不識。上曰:若如卿言,烏丸家兒能事卿,即堪郎矣!及趙王倫篡位,又欲用琦,琦曰:我已為武帝吏,不能復為今世吏。終於家。』琦蓋始終亮節之士也,《晉書》削而不載,又何所以扶植風教乎!」
〔註43〕 同註11,頁18〈晉書提要〉。
〔註44〕 同註11,頁15〈後漢書提要〉。
〔註45〕 同註11,頁35〈南史提要〉。
〔註46〕 同註11,頁35～36〈南史提要〉。
〔註47〕 同註11,頁49〈宋史提要〉。
〔註48〕 同註11,頁15〈後漢書提要〉。
〔註49〕 同註11,頁19〈宋書提要〉。
〔註50〕 同註11,頁19〈宋書提要〉。
〔註51〕 同註11,頁20〈宋書提要〉。
〔註52〕 同註11,頁20〈後漢書提要〉。

客氣直斥其誤，他批評《隋書》：「〈律歷志〉首載備數、和聲、審度、嘉量、權衡五篇；〈天文志〉所載地中、晷景、漏刻、經星、中宮、二十八舍、十煇諸篇，皆上溯魏晉，與《晉書》之志複見，殊非史家前後相承之體。」〔註53〕

六、嚴於人物斷代

由於歷史朝代之更替，許多生在兩朝之間歷史人物的歸屬，成為史家的重要課題之一。因此邵晉涵認為史書在收錄人物時，要特別注意時間的限斷。例如《宋書》著作之際，當時對於一些人物究竟歸晉或宋，引起不小爭議，沈約自述其取捨之緣由：「桓元、盧循等，身為晉賊，非關後代；吳隱、謝混等，義止前朝，不宜濫入；劉毅、何無忌等，志在興復，情非造宋；並為刊除，歸之晉籍。」〔註54〕二雲稱讚沈約是深明史家義例，嚴於斷代為史者。對於一些不明史家義例，混淆人物斷限的史書，二雲也一一批評，如論《陳書》：「察以陳亡，入隋為秘書丞，北絳郡開國公，與同時江總、袁憲諸人，並由陳入隋躋顯秩，而仍列於《陳書》，揆之史例，未免失於限斷矣。」〔註55〕按照修史慣例，姚察雖曾仕陳朝，後來卻入隋，並居高位，實不當載入《陳書》，姚思廉為表明家學，特地在《陳書》中為父立傳，二雲責其違背史例，又失於限斷。〔註56〕又論《晉書》：「不明於史家義例，豈特嵇康魏臣不當入晉史，韋忠、王育、劉敏元北仕劉趙，不當入忠義傳。」〔註57〕批評《晉書》不判斷人物之正統歸趨與行事，錯置其歷史定位，同樣是不明人物斷代之義例。

七、不因襲於舊說

一部史書的後世評價，或褒或貶，各有不同。邵晉涵在評論史書的優劣時，往往能不因循舊家史評，而是依照情理、事實作出一個公正客觀的判斷。例如：魏收因修史為世人所詬厲，其《魏書》更被貶為穢史，二雲認為議論不盡公道，所以他針對批駁《魏書》的三點時議，一一為魏收辯解：〔註58〕

（一）議者云：「收受爾朱榮子金，故減其惡。」二雲駁之曰：「夫榮之凶悖惡

〔註53〕同註11，頁33〈隋書提要〉。
〔註54〕同註11，頁20，〈宋書提要〉。
〔註55〕同註11，頁25〈陳書提要〉。
〔註56〕同註11，頁25〈晉書提要〉：「察（姚察）以陳亡，入隋為秘書丞，北絳郡開國公，與同時江總、袁憲諸人，並由陳入隋躋顯秩，而仍列於《陳書》，揆之史例，未免失於限斷矣。」
〔註57〕同註11，頁18〈晉書提要〉。
〔註58〕同註11，頁28～29〈魏書提要〉。

著，而不可掩，收未嘗不書於冊。至論云：『若修德義之風，則韓、彭、伊、霍，夫何足數。』反言見意，史家微辭，乃轉以是為美譽，其亦不達於文義矣。」

（二）議者又云：「楊愔、高德正勢傾朝野，收逐為其家作傳；其預修國史，得陽休之助，因為休之父固作佳傳。」二雲駁之曰：「夫愔之先世為楊椿、楊津；德正之先世為高允、高祐。椿、津之孝友亮節，允之名德，祐之好學，實為魏之聞人。如議者之言，將因其子孫之顯貴，不為椿、津、允、祐立傳，而後快於心乎？《北史・陽固傳》，固以譏切聚斂，為王顯所嫉，因奏固剩請米麥，免固官，從征峽石，李平奇固勇敢，軍中大事，悉與謀之，是固未嘗以貪虐先為李平所彈也。固它事可傳者甚夥，不因有子休之而始得傳。況崔暹嘗薦收修史矣，而收則列崔暹於酷吏，其不徇私惠如此，而謂得休之助，遂曲筆以報德乎？」

（三）議者又云：「盧同位至儀同，功業顯著，不為立傳。崔綽位止功曹，本無事跡，乃為首傳。」二雲駁之曰：「夫盧同希元乂之旨，多所誅戮，後以乂黨罷官，不得云功業顯著。綽以卑秩見重於高允，稱其道德，固當為傳獨行者所不遺。觀盧斐訟辭，徒以父位儀同，綽僅功曹，較量官秩之崇卑，爭專傳、附傳之榮辱（《魏書》之初定本，盧同附見〈盧元傳〉，崔綽自有傳，後奉敕更審，同立專傳，綽改入附傳。）是烏足與之論史法哉！

　　由二雲之論述可知，時人誣陷魏收收金、畏懼權勢，以致修史秉筆不公，多屬毀謗之語，不足以採信。李延壽《北史》並稱《魏書》是「勒成魏籍，婉而有章，繁而不蕪，志存實錄。」〔註59〕因此二雲說魏收「穢史之謗，可以一雪矣。」〔註60〕

　　二雲又論《周書》，劉知幾譏其「擅飾虛詞，都捐實事」；晁公武謂其「務清言而非實錄」。〔註61〕二雲認為兩人之說都非篤論，並進一步提出「文質因時，記載從實」的撰史方法，為令狐德棻辯解說：「周代尚文，仿古制言，文章爾雅，載筆者勢不能易彼妍辭，改從俚語。至於敵國詆謗，里巷諺謠，削而不書，史之正體，豈得用是為譏議哉！」〔註62〕又論及《宋書》諸志，晁公武譏其「失於限斷」，二雲反駁晁氏之說，以為後史追述前史未備，乃史家之義應爾，晁氏之評論實不

〔註59〕同註11，頁29〈魏書提要〉。
〔註60〕同註11，頁29〈魏書提要〉。
〔註61〕同註11，頁31〈周書提要〉。
〔註62〕同註11，頁31〈周書提要〉。

足爲憑。〔註63〕

　　後人之評價《新唐書》，毀譽參半。曾功亮謂其事則增於前，其文則省於舊。陳振孫則謂事增文省，正是《新唐書》之失。二雲認爲曾、陳二氏皆不明史法。後人重修前史「事增文省」，乃最基本之要求，累代相傳之史法，莫不如是，不可以此爲誇詡或互相詆諆。〔註64〕又《新唐書》自從吳縝爲之糾謬，學者莫不以《新唐書》爲詬厲，甚至引幽怪之書，無稽之說，證明《新唐書》記載失實。二雲以爲言之太過，平情論之，《新書》刪定舊史，廢傳六十一篇，有刪併之善。〔註65〕新添傳三百一十篇，有搜羅遺佚，裨益舊史之功。〔註66〕而且「舊史於咸通以後，紀傳疏略，《新書》則於韓偓、納忠、高仁厚之平賊，與夫雷滿、趙匡凝、楊行密、李罕之之僭割，具書於傳，一代興廢之蹟備焉。」〔註67〕

八、備一代之興廢

　　北齊享國僅二十七年，政治綱紀廢弛，兵事又復擾攘不安，「不及後魏之整飭疆圉，復不及後周之修明法制，其倚任爲國者，鮮始終亮節之士。」〔註68〕因此李百藥在〈儒林〉、〈文苑〉諸傳所敘眾人，若去除已見《魏書》、《周書》者，僅餘數人而已，不過取之以盈卷帙。然而二雲認爲《北齊書》不可廢者，是因北齊自從神武肇基至承光失國，已具備一代興廢之蹟，「考一代之事，宜有專書。」〔註69〕不能因其國祚短暫，又少事蹟，即廢棄不論。二雲又論《新唐書》雖不滿歐陽修撰此書

〔註63〕 同註11，頁20〈宋書提要〉：「諸志之追述前代，亦猶班固漢書增載地理，上敘九州，創設五行演明鴻範，用以補史記之闕，史家之義應爾也。而晁公武迺譏其失於限斷，不已過乎！」

〔註64〕 同註11，頁42〈新唐書提要〉：「曾功亮表進其書，謂其事則增於前，其文則省於舊。語似誇詡。陳振孫又謂事增文省，正《新書》之失。以今考之，皆不明史法者也。夫後人重修前史，使不省其文，則累幅難盡；使不增其事，又何取乎重修？故事增文省，自班固至李延壽，莫不皆然。不得以此爲誇詡，亦不得轉以此爲詆諆。」

〔註65〕 同註11，頁42～43〈新唐書提要〉：「《新書》刪定舊史，廢傳六十一篇，如：薛伾、李祐等之事，宜附見韋元甫：李若祁等之行事，不著元獎神秀之事，多屬荒渺，此刪併之善也。」

〔註66〕 同註11，頁43〈新唐書提要〉：「新添傳三百一十篇，〈后妃傳〉增載郭賢妃、王賢妃，創業功臣傳增載史大奈，韓門弟子增載皇甫湜、賈島，〈忠義傳〉增載雷萬春、南霽雲，〈循吏傳〉增載韋丹、何易于，〈儒學傳〉增載張齊賢、啖助，〈文藝傳〉增載呂向、張旭，〈方技傳〉增載邢和璞、羅思遠，〈列女傳〉增載高愍女、楊烈婦，此搜羅遺佚，而有裨於舊史者也。」

〔註67〕 同註11，頁43〈新唐書提要〉。

〔註68〕 同註11，頁30〈北齊書提要〉。

〔註69〕 同註11，頁30〈北齊書提要〉。

取材不富、書法不審、掌故不備。不過「舊史於咸通以後，紀傳疏略，《新書》則於韓偓、納忠、高仁厚之平賊，與夫雷滿、趙匡凝、楊行密、李罕之之僭割，具書於傳，一代興廢之蹟備焉。」〔註70〕仍然肯定了《新唐書》的功績所在。

九、正史不用家傳

史書處理人物列傳的體例，二雲認爲應該根據時代，而不是根據家族關係，因此他對李延壽所修纂的《南史》、《北史》「以姓爲類，分卷無法」〔註71〕的體例，深表不滿地指責說：「《南史》以王、謝分支，《北史》以崔、盧爲系，故家子姓，牽連得書，其意似仿《史記》之有〈世家〉。然史之有世家也，世守封土，事盡一朝，故先後相承，詞無枝葉。若六朝大族興替隨人，而朝市變遷事非一姓，封爵既異，情勢迥殊，不得以《史記・世家》爲比。且延壽之敘次列傳也，先以魏宗室諸王，次及魏臣，又次以齊宗室及齊臣，下逮周隋，莫不皆然；豈不以一代之始末，必卷次相接而後可考哉！至故家大姓則自紊其體，義例之不安，較《南史》爲尤甚。如楊素父子有關隋室興亡，今以其系出弘農也，而附見魏臣楊敷傳后。魏收及魏長賢諸人本非父子兄弟，出處后先，趨背異向；今以其同爲魏姓也，而合爲一卷。長孫儉附見〈長孫嵩傳〉，薛道衡附見〈薛辨傳〉。但紀云仍，不顧時代。蓋見唐人方重譜學，故溯前沿后，薈萃卷中，取便檢閱。觀延壽敘例，凡累代相承者，皆謂之家傳，豈知家傳之體不當施于正史哉！」〔註72〕唐人因爲重視族譜之學，因此李延壽模仿《史記・世家》體例。有傳一人，則其子孫皆牽連書之；有因同姓，卻無血親關係者，也列入同卷。然而《南史》記宋、齊、梁、陳四朝，四代之鼎革易姓，往往只一、二十年，因此一家數代歷事各朝者所在多有，則凡同一家族，皆聚於宋，與齊、梁之卷帙懸殊甚大。而且南朝的情形，與《史記・世家》根本不同，如二雲所述，一意模仿，反而不倫不類，自亂本書體例。

十、重修史書原則

邵晉涵在評論歐陽修所纂的《新唐書》與《五代史記》時，提出了重修史書應該注意的原則。此二書既然是在《舊唐書》、《舊五代史》的基礎上新撰的史書，二雲以爲最基本要做到「事增文省」，這是因爲「後人重修前史，使不省其文，則

〔註70〕同註11，頁43〈新唐書提要〉。
〔註71〕同註11，頁37〈南史提要〉。
〔註72〕同註11，頁37～38〈北史提要〉。

累幅難盡；使不增其事，又何取乎重修？」〔註73〕此項基本原則「自班固至李延壽，莫不皆然。不得以此爲誇詡，亦不得轉以此爲詆諆。」〔註74〕二雲以此衡量改撰舊史的新書，他稱譽李延壽的《南》、《北史》「於舊史外，時有增益，斯其爲可貴也。」〔註75〕歐陽修、宋祁的《新唐書》則「增所不當增，省所不當省爾。夫《唐大誥》、《唐六典》，爲一代典章所係。今紀傳既盡去制誥之辭，而諸志又不能囊括六典之制度，徒刺取卮言小說，以爲新奇，於史例奚當乎？芟除字句，或至失其本事，不獨文義之蹇躓也。」〔註76〕

　　二雲又以爲史家欲重修史書，當以網羅舊史所放失之事，遵循取材力求豐富、書法務求精審、掌故搜羅完備之三原則。以此衡度歐陽修的《五代史記》，二雲批評說：「取舊史任意芟除，不顧其發言次第，而於舊史之外，所取資者，王禹偁之《闕文》、陶岳之《史補》、路振之《九國志》三書而已。所恨於修者，取材之不富也。修與尹洙同學古文法，《春秋》之嚴謹，洙撰《五代春秋》，雖行文過隘，而大事不遺。修所撰〈帝紀〉，較五代春秋已爲詳悉矣。然於外蕃之朝貢必書，而於十國之事俱不書，於〈帝紀〉，豈十國之或奉朝貢，或通使命者，而反不得同域外之觀乎！所恨於修者，書法之不審也。法度之損益，累代相承，五代雖干戈相繼，而制度典章上沿唐，而下開宋者，要不可沒。修極譏五代文章之陋，只述〈司天〉、〈職方〉二考，而於禮樂、職官、食貨之沿革，削而不書，考古者茫茫然於五代之成迹，即〈職方考〉於十國之建置，亦多疏漏。所恨於修者，掌故之不備也。」〔註77〕

第三節　《四庫》史部提要之目錄學的價值

　　自西漢劉向開始，撰寫書籍提要一直是我國編制目錄的優良傳統。《四庫全書總目提要》融集古代諸家目錄之長，仿劉向《別錄》、再參酌《崇文總目》、晁公武《郡齋讀書志》、陳振孫《直齋書錄解題》、馬端臨《經籍考》等，「每書先列作者之爵里，以論世知人；次考本書之，得失權眾說之異同；以及文字增刪，篇帙分合，皆詳爲訂辨，巨細不遺。」二雲既爲提要起稿人之一，其所纂提要內容，雖不少表現史學思想之議論文字，然而仍有部分篇幅在探究史書名實流變、史家學術淵源、著書動

〔註73〕同註11，頁42〈新唐書提要〉。
〔註74〕同註11，頁42〈新唐書提要〉。
〔註75〕同註11，頁44〈五代史記提要〉。
〔註76〕同註11，頁42〈新唐書提要〉。
〔註77〕同註11，頁44～45〈五代史記提要〉。

機、考訂史書之離合存佚、析論史書之得失，凡此皆屬目錄學「辨章學術、剖析源流」之範圍。今據二雲之史部提要分析其目錄學之成就。

一、考名實之流變

目錄首要之工作，在辨正典籍之書名、篇目。史書之流傳，歷代或有異稱，為免因時代之不同，同一史書之稱謂殊異，乃使學者混淆其間，因此二雲詳考史書歷代流傳之名稱，其實異名而同實。如《史記》，漢司馬遷撰，司馬遷自序稱其書為《太史公書》，《漢書・藝文志》作《太史公》百三十篇，附於《春秋》家；〈東平思王傳〉亦作《太史公書》。自漢以後，乃定稱為《史記》，《太史公書》、《太史公》皆其別名。

二、探究學術淵源

司馬遷自序稱《史記》筆法，乃繼承《春秋》之家法。後人對司馬遷之說，多抱持將信將疑態度。二雲依照《史記》考其學術淵源，說：「其敘事多本《左氏春秋》，所謂古文也。秦、漢以來故事，次第增敘焉。其義則取諸《公羊春秋》，辨文家質家之同異，論定人物，多寓文與而實不與之意，皆公羊氏之法也。遷嘗問《春秋》於董仲舒，仲舒故善公羊之學者，遷能伸明其義例，雖未必盡得聖經之傳，要可見漢人經學，各有師承矣。」〔註 78〕二雲從《史記》之敘事手法、著書義例、臧否人物，與司馬遷之師承董仲舒，證明司馬遷所言之不虛，《史記》之史學家法的確淵源自《春秋》。

三、標明文章體例

《史記》之義例，曾被譏刺為背離經訓，此說已為二雲所駁斥。然而又有稱其文章體例是司馬氏所獨創，二雲深不以為然，他認為《史記》之文章體例：十二本紀，十表，八書，三十世家，七十列傳。乃是參照《呂氏春秋》的十二紀、八覽、六論而來，雖然二書篇帙之離合先後不盡相同，然「其立綱分目，節次相成，首尾通貫，指歸則一。」〔註 79〕因此《史記》之義法與文體皆承襲自先秦，並非創古自製。又，梁沈約在《宋書》修畢上奏時，自言其體例有本紀、列傳、志、表。殆乾隆時，已無表。劉知幾《史通》也不言有表。則《宋書》表的部分，究竟是早已佚失，或是出於後人編次？二雲依照《宋書》體例，「觀約前後敘例，其史體多擬班固，

〔註78〕同註 11，頁 1〈史記提要〉。
〔註79〕同註 11，頁 1〈史記提要〉。

不應捨表不作。」〔註80〕班固《漢書》體例爲紀、志、表、列傳。沈約既因襲《漢書》史體，自無道理獨捨表不作，因此《宋書》之表「爲後來所佚，明矣。」〔註81〕又唐代姚察有志撰著《梁書》，後來沒有完成，其子姚思廉繼承父志，完成《梁書》五十六卷，「思廉本推其父意以成書，每卷之後，題陳吏部尚書姚察者二十五篇，題史官陳吏部尚書姚察者一篇，蓋仿漢書卷後題班彪之例。」〔註82〕二雲稱《史記》「參諸《呂氏春秋》」，稱《宋書》「史體多擬班固」；《梁書》「仿漢書卷後題班彪之例」，是標明諸史之文章體例，其稱《北齊書》「仿范蔚宗後漢書之體，卷後各繫論贊。」〔註83〕亦屬此類。

四、析論史書得失

梁蕭子顯撰《南齊書》，當時帝王愛好佛道，子顯受流俗影響，「於〈高帝紀〉卷一引『太乙九宮占』，〈祥瑞志〉傅會緯書，〈高逸傳〉論推闡禪理。蓋牽於時尚，未能厘正。」〔註84〕而且「敘次無法，如〈高帝紀〉載王蘊之撫刀，袁燦之郊飲，聯綴瑣事，殊乖紀體，至列傳之冗雜，更無論矣。」〔註85〕雖有上述兩個缺點，二雲認爲《南齊書》仍具有史家之法，「其記建元創業諸事，載沈攸之書於〈張敬兒傳〉，述顏靈寶語於〈王敬則傳〉，直書無隱，尚不失是非之功。〈高十二王傳〉引陳思之表，曹冏之論，感懷宗國，有史家言外之意焉。」〔註86〕

論《梁書》之得，在於「排整故事，敘次明晰，議論亦多平允，分卷次第，猶具漢晉以來相傳之史法。」〔註87〕其失則有三：一爲「兩卷之內，月日參差。」〔註88〕如〈簡文紀〉載大寶二年四月丙子，侯景襲郢州，執刺史蕭方諸，而〈元帝紀〉卻作閏四月丙午。二爲「數行之間，書法乖舛。」〔註89〕如〈侯景傳〉上云：「張彪起義」下云：「彪寇錢塘」。三爲「事蹟之複互者，前後錯見，不待旁徵《南史》而始知其條理未密也。」〔註90〕又論《新唐書》之失，在增所不當增，省所不當省。二雲雖認爲

〔註80〕同註11，頁19〈宋書提要〉。
〔註81〕同註11，頁19〈宋書提要〉。
〔註82〕同註11，頁24〈梁書提要〉。
〔註83〕同註11，頁30〈北齊書提要〉。
〔註84〕同註11，頁22〈南齊書提要〉。
〔註85〕同註11，頁22〈南齊書提要〉。
〔註86〕同註11，頁22，〈南齊書提要〉。
〔註87〕同註11，頁24〈梁書提要〉。
〔註88〕同註11，頁24〈梁書提要〉。
〔註89〕同註11，頁24〈梁書提要〉。
〔註90〕同註11，頁24〈梁書提要〉。

《新唐書》有增省不當之弊，然而自從吳縝爲《新唐書》作糾謬，後人師其餘論，甚至引幽怪無稽之書，證明《新唐書》之失實，二雲不以俗說爲準，舉出《新唐書》之得數端：刪併之善、搜羅遺佚之功、具備一代興廢之蹟。

　　《遼史》是元代脫克脫等人奉敕撰。因爲修史時，遼代可資修史所參考之典籍本來就少，又因宋、遼、金三史並行之議，恐怕《遼史》篇卷過寡，不足與宋、金二史相配，因此敷衍成文，取盈卷帙，不免重複瑣碎之病。〔註91〕此外，迫限於修史時日短促，不及一年即成書，無暇旁搜，又有許多闕漏舛訛之處，如：闕載國號之更改〔註92〕、遺漏紀元之更改〔註93〕、遺闕官爵征榷制度〔註94〕、政務紀載不詳〔註95〕等。其得則在於「以實錄爲憑，無所粉飾，如《宋史》太平興國七年，戰於豐州。據此書則宋使請和，《宋史・忠義傳》有康保裔，此書則保裔被擒而降，後爲昭順軍節度使，審其事勢，《遼史》較可徵信。此三史所由並行而不可偏廢歟。」〔註96〕在提要中，此例極夥，茲不一一繁舉。

五、析論史注得失

　　二雲評論《史記》三家注之得失，稱許裴駰的《史記集解》「引徐廣音義，多識古文奇字，復取經傳訓釋以爲《集解》，扶微學而闡隱義，賴以不墜。是遷能述經典之遺文，而駰能存先儒之軼說，考諸經古義者必歸焉，不僅史法爲後人所遵

〔註91〕同註11，頁50〈遼史提要〉：「每年遊幸，既具書於〈本紀〉矣，復爲〈遊幸表〉一卷；部族之分合，既詳述於〈營衛志〉矣，復爲〈部族表〉一卷；屬國之貢使，亦具見於〈本紀〉矣，復爲〈屬國表〉一卷；義宗之奔唐，章、肅之爭國，既屢見於〈紀〉、〈志〉、〈表〉矣，復累書於〈列傳〉；〈文學〉僅六人，而分爲兩卷；伶官、宦官本無可紀載也，而強綴三人爲一卷。此其重複瑣碎之病。」

〔註92〕同註11，頁50〈遼史提要〉：「《東都事略》載遼太宗建國號大遼，聖宗即位，改大遼爲大契丹國，道宗咸雍二年復改國號大遼，而此書不載。是其於國號之更改，尚未詳也。」

〔註93〕同註11，頁50～51〈遼史提要〉：「《文獻通考》稱遼道宗改元壽昌，洪遵《泉志》引李季興《東北諸番樞要》云：契丹主天祐年號壽昌。又引《北遼通書》云：天祚即位，壽昌七年改爲乾統。而此書作壽隆，殊不思聖宗諱隆緒，道宗爲聖宗之孫，必不至紀元而直犯祖諱者。又《老學庵筆記》載聖宗改號重熙，後避天祚嫌名，追稱重熙曰重和。而此書不載，是其於改元之典章，多舛漏也。」

〔註94〕同註11，頁51〈遼史提要〉：「南面官有散官、有憲官、有試帙、有勳、有爵、有賜、有食邑，而〈百官志〉不載，是其於官爵征榷之制有遺闕也。」

〔註95〕同註11，頁51〈遼史提要〉：「韓德讓之專政，劉四端之樂隊，〈紀〉、〈傳〉不詳其文，是其於政務多所掩沒也。」

〔註96〕同註11，頁51〈遼史提要〉。

守也。」〔註 97〕讚譽司馬貞的《史記索隱》、張守節的《史記正義》說：「貞、守節復推廣《集解》所未備，而申以辯論，如謂〈夏本紀〉失載有窮、后羿之事，〈魏世家〉宜考武公受命之年，陳佗、五父一人而分爲二，闞止、宰我二事而合爲一，互引眾說，以折衷其是非，視顏師古之注《漢書》，專宗班氏者爲一變焉。」〔註98〕又稱讚李賢《後漢書注》：「參用裴駰、裴松之之體，於音義則省其異同，於事實則去其駢拇，徵引之廣博，訓釋之簡當，爲史注之善者。」〔註 99〕

六、析評版本優劣

《史記集解》當時行世之版本有毛本、監本、坊本，二雲比較諸本異同優劣，以毛本爲最善。並舉證監本、坊本之疏失闕遺，如：「監本尤多訛誤，今唯汲古閣毛氏本猶存《集解》原書之舊，取校監本，如〈帝舜紀〉『昔高陽氏才子八人』，句下脫『名見左傳』四字；『高辛氏有才子八人』，句下亦脫『名見左傳』四字；〈秦始皇本紀〉『輕車重馬東就食』，句下脫『徐廣曰：一無此重字』八字；〈項羽本紀〉『其九月會稽守』，句下脫『徐廣曰：爾時未言太守。』九字；〈武帝紀〉『祠上帝明堂』，句下脫『徐廣曰：常五年一修耳今適二年故但祀明堂』十八字；『然其效可覩矣』，句下脫『又數本皆無可字』七字。」〔註 100〕

坊本比之監本，則又更下矣，「坊本流傳脫誤尤甚，如〈夏本紀〉『灃水所同』，句下引孔安國曰：『灃水所同，同於渭也。』坊本缺一同字。〈項羽本紀〉『乃封項伯爲射陽侯』，句下脫『徐廣曰：項伯名纏，字伯九。』字任意刪節，尚不若監本之粗備焉。」〔註 101〕所以二雲認爲《史記集解》「今行世之本，行列整齊，字句詳審，終當以毛本爲最善耳。」〔註 102〕又論《史記正義》：「明監本多所節刪，失其本旨；坊刻本互有增損，輾轉舛訛；唯震澤王氏所刻，稱爲足本。今取監本與王氏本對勘，則監本之脫誤，殆不可枚舉。」〔註 103〕

七、辨明著書動機

依照修史慣例，後朝爲前代纂修朝代史，是爲通例。因此歷代以來各朝正史

〔註97〕 同註 11，頁 2〈史記提要〉。
〔註98〕 同註 11，頁 2〈史記提要〉。
〔註99〕 同註 11，頁 16〈後漢書提要〉。
〔註100〕 同註 11，頁 3〈史記集解提要〉。
〔註101〕 同註 11，頁 4〈史記集解提要〉。
〔註102〕 同註 11，頁 5〈史記集解提要〉。
〔註103〕 同註 11，頁 6〈史記集解提要〉。

皆代代相承。然而其中亦有在舊史基礎上，更撰新史者。例如《晉書》，因唐代流傳之十八家晉史「未能盡善」，〔註104〕因此唐太宗下詔史官重新修纂。《梁書》、《陳書》俱爲姚思廉推其父意以成書；《北齊書》則李百藥承其父德林之業纂輯而成；《南》、《北史》是李延壽繼其父大師之志而撰。又宋仁宗以《舊唐書》氣力卑弱，言簡意陋，乃命歐陽修、宋祁重撰，爲《新唐書》；歐陽修又以《舊五代史》繁畏失實，因此重修五代史事，爲《五代史記》。此外，南朝宋裴駰以爲徐廣《音義》，雖粗有發明，卻又過於省略，「乃采九經諸史，並《漢書音義》，及眾書之目。」〔註105〕撰成《史記集解》，「其所引之書，多先儒舊說，爲後世所失傳者。」〔註106〕凡此皆辨明作者之著書動機，不同於純粹繼承前史之意。

八、辨明版本眞僞

《南史‧劉之遴傳》紀載，時人有得古本《漢書》者，獻之昭明太子，太子命劉之遴等人參校異同，劉之遴遂奏異狀數十事。二雲認爲其語皆屬謬妄不實，爲之一一條辯，證明所謂古本《漢書》之不足信。今摘錄二雲駁斥劉之遴例證三則如下：〔註107〕

（一）之遴云：「古本漢書稱永平十年五月二十日己酉，郎班固上。而今本無上書年月日。」邵案：「固自永平受詔修漢書，至建初中乃成。又〈班昭傳〉云：『八表并天文志未竟而卒，和帝詔昭就東觀藏書踵成之。』是此書之次第續成，事隔兩朝，撰非一手。之遴所見古本，既有紀、表、志、傳，乃云總成於永平中表上，殆不考成書之年月也。」

（二）之遴又云：「今本〈敘傳〉載班彪事行，而古本云彪自有傳。」邵案：「云彪自有傳，則語尤荒誕。彪在光武之世，舉茂才爲徐令，以病去官，後數應三公之召。斷宜入東漢傳，惟見於〈敘傳〉，故可於況伯斿繹之後，詳其生平，述其言論。若自爲一傳，則無卷可附；若以類相及，必《漢書》有光武紀及雲臺諸功臣傳，而後可也。奚不考〈敘傳〉所云：『起元高祖，終於孝平王莽之誅』乎！」

（三）之遴又云：「今本紀及表、志、列傳不相合爲次，而古本相合爲次，總成三十八卷，此爲分卷而言也。」邵案：「固自言紀、表、志、傳凡百篇，

〔註104〕同註11，頁17〈晉書提要〉：「隋書經籍志載當時晉史之完整者有：何法盛書、謝靈運書、臧榮緒書、及蕭子顯晉史；草其殘闕者爲王隱書、虞預書、朱鳳書、蕭子雲書；亡佚者爲鄭忠書、沈約書、庾銑書也。」

〔註105〕同註11，頁3〈史記集解提要〉。

〔註106〕同註11，頁3〈史記集解提要〉。

〔註107〕同註11，頁12～14〈漢書提要〉。

述紀十二，述表八，述志十，述列傳七十，若相合為次，已失固自言之次第。合百篇為三十八卷，亦略無義例，徒事紛更爾。」

九、敘述卷帙離合

史書的流傳刊布，後人記其卷帙篇章時有同異，例如《後漢書》一百二十卷，是南朝宋范曄所撰，其志三十卷，乃取自司馬彪《續漢書》。不過前人對於《續漢志》與《後漢書》合為一書之時間有異說，二雲徵引諸書，說明將《續漢志》附於《後漢書》始於唐人。〔註108〕又《舊唐書》敘卷次有異於范書，二雲也為之說明：「范書為紀十、列傳八十，共九十卷。《舊唐書‧經籍志》作一百卷，以賢注分卷上、下而言也。《舊唐書‧經籍志》又有范氏《後漢書論贊》五卷，殆以范氏文體高於六朝諸人，而愛其文辭者，遂摘取其論贊，別為一書。」〔註109〕《梁書》卷數，《新唐書》、《舊唐書》所記也不同，二雲認為：「《舊唐書‧經籍志》及思廉本傳，俱云五十卷。《新唐書》作五十六卷，或疑新書所據，係嘉祐中曾鞏等刊定之本。今考劉知幾《史通》，謂姚察有志撰勒，施功未周，其子思廉憑其舊槁，加以新錄，述為《梁書》五十六卷，是《新唐書》所據，為思廉編目之舊，至今無所移易。」〔註110〕因此《舊唐書》稱《梁書》五十卷為誤，當以《新唐書》之載五十六卷為實。

十、考述存佚之蹟

史書因流傳久遠，有時新撰之史「後出轉精」，誦習舊史者遂漸少，以致散失闕佚，如《舊五代史》的散佚，即其顯例。又如《南齊書》，為南朝梁蕭子顯所撰，《山堂考索》引《館閣書目》說《南齊書》本有六十卷，當時已經亡佚一卷，只剩五十九卷。然而劉知幾《史通》、曾鞏《敘錄》都說《南齊書》本來就是五十九卷，沒有闕佚。二雲考證云：「《梁書》及《南史》本傳俱作六十卷，則《館閣書目》不為無據，今細繹本傳載子顯自敘大略，又《館閣書目》載子顯表云：『素不載戶口，且天文復秘，故不私載。』乃知原書第六十卷為子顯敘傳，末附以表，沈約《宋書》、李延壽《北史》其體例相似。至唐中葉已闕此一卷，而知幾、鞏未之察也。」〔註111〕

〔註108〕同註11，頁15〈後漢書提要〉：「酈道元《水經注》嘗引司馬彪〈州郡志〉，疑彪之諸志在六朝已有單行之本，故昭獨為之注。杜佑《通典》述科舉之制，以《後漢書》、《續漢書》連類而舉，則知以司馬志附見范書，實始於唐人。陳振孫《書錄解題》謂宋乾興初，判國子監孫奭始建議校勘合為一書者，考之不審也。」

〔註109〕同註11，頁16〈後漢書提要〉。

〔註110〕同註11，頁24〈梁書提要〉。

〔註111〕同註11，頁22〈南齊書提要〉。

是《南齊書》原本六十卷，唐代中期以後，蕭子顯〈敘傳〉一卷已經亡佚，今只餘五十九卷。

二雲又述及《周書》在流傳過程中發生殘闕，後人以《北史》補其闕卷，但是卻未標明所補篇數，遂使《周書》與《北史》原文相混，二雲按照文義，辨其梗概，將可分辨的《周書》原文摘出：「卷二十五、卷二十六、卷三十一、卷三十二、卷三十三，俱傳後無論，其傳文多同《北史》，惟更易《北史》之稱周文者爲太祖耳。至〈韋孝寬傳〉，連書周文、周孝閔帝，則更易尙有未盡者。〈王慶傳〉連書大象元年、開皇元年，不言其自周入隋，皆《北史》之原文也。又於《北史》偶有刪節，如〈韋孝寬傳〉末刪《北史》兄敻二字，則〈韋敻傳〉中所云，與孝寬並馬者，事無根源。〈盧辨傳〉刪去其曾事節閔，則傳中所云，及帝入關者，語不可曉，是皆不免於疏漏。」〔註112〕又論《北齊書》自從宋人專尙李延壽《北史》之後，誦讀者漸少，宋代晁公武說此書已殘闕不全，後人取《北史》補充《北齊書》之佚文，因此今日所見之書已經不是李百藥的原本。〔註113〕

《總目提要》遠師劉向《別錄》，近承晁公武《郡齋讀書志》、陳振孫《直齋書錄解題》，汲取諸家目錄之長，因此體制最爲縝密。每著錄一書，就纂一提要，考其書之流變、得失。邵晉涵爲四庫館之重要成員，史部諸書提要多由其撰稿，二雲所纂提要表現出進步的史書編纂思想，又在史部目錄學上作出貢獻。雖然已經過刪改潤飾，但是被保留部分，隨著《總目提要》之廣泛流傳，影響後人之史評、史觀極爲深遠。

〔註112〕 同註 11，頁 31〈周書提要〉。
〔註113〕 同註 11，頁 30〈北齊書提要〉：「自後人專尙《北史》，而此書誦習者尠，晁公武已云亡闕不完，後人取《北史》以補之，非百藥原本也。」

第七章　邵晉涵之金石學

　　古代有一些重要的文獻紀錄，爲了能流傳久遠，不致朽爛缺脫，便將文字刻在銅器或石碑上。金文主要是指商、周青銅器，包括樂器、食器、盥器，又稱爲「吉金」、「鐘鼎」；石主要是指秦、漢以後刻在石頭上的各種文字，包括石經、碑版、造像、墓誌，又稱爲「貞石」。商、周是我國青銅器高度發展的時代，這些沒有經過傳寫轉刻的鐘鼎古器，眞實地紀錄先秦社會的狀況，補充歷史記載的不足，是非常重要的古代文獻。因爲刻石比刻銅器簡易，秦以後，普遍用石刻代替金刻，鄭樵《通志・金石略》說：「三代而上，惟勒鼎彝。秦人始大其制而用石鼓，始皇欲詳其文而用豐碑。自秦迄今，惟用石刻。」〔註1〕這是事物發展的自然趨勢。漢以後，碑銘應用愈廣，石刻也愈多，取以考證經史，價值不在金文之下。因此後人考證舊史，便以金石合稱。金石學也就是對各種青銅器和石碑進行研究，從而所形成的一門學問。

　　金石學的研究，在北宋以前並不發達，北宋歐陽修編著《集古錄》，標誌著金石學的正式形成。〔註2〕其後還有呂大臨《考古圖》、薛尚功《歷代鐘鼎彝器款式法帖》、趙明誠《金石錄》等，奠定了金石學研究的基礎與方法。金石學在元、明兩朝雖又暫時沉寂下來，卻在清代大放異彩，名家輩出，著作林立，得到空前未有的發展與進步。邵晉涵生逢斯時，在金石方面亦頗有研究，他的金石學著作有《續通志・金石略》〔註3〕和《方輿金石編目》，然《方輿金石編目》一書早已亡佚，無由考其得失。今日欲一探邵晉涵之金石學成就，只能就《續通志・金石略》加以析論。

〔註1〕　鄭樵《通志・金石略》（杭州：浙江古籍出版社，1988年），頁841。
〔註2〕　楊燕起、高國抗《中國歷史文獻學》（北京：北京圖書館出版社，1997年12月），頁346：「到了北宋，金石學終於形成。它的標誌就是歐陽修編著的《集古錄》。」
〔註3〕　孫星衍、邢澍〈寰宇訪碑錄序〉（上海：商務印書館，1936年）「昔邵學士晉涵纂書三通館，檄取海內石刻，進之內廷編書，以續鄭樵〈金石略〉，錄其副本，舉以相贈。」由此可知《續通志・金石略》爲邵晉涵所編定。

第一節 《續通志・金石略》之體例

《通志》是南宋鄭樵所撰,共二百卷,內容包括本紀、年譜、二十略、世家、列傳、載記,其記事起自上古,迄於隋唐。乾隆三十二年(1767)下詔敕修《續通志》,接續《通志》。三十九年(1974),邵晉涵以翰林院編修,奉命入三通館,兼職修纂《續三通》,五十年(1785),《續通志》編修完成,凡六百四十卷,上接《通志》紀傳,下記至元末,因為明代紀傳已詳於《明史》,故不加纂,二十略則從五代載至明末為止。

《通志・金石略》記載上古至唐之歷代金石,只取歐陽修、趙明誠、薛尚功、洪适、黃長睿諸家,又限於方域,搜羅不廣,因此其著錄僅粗具撰書人姓名,而於碑碣所在地大多未詳。二雲編《續通志・金石略》續之,體例繼承鄭志又有所創新。

《續通志・金石略》分為四卷:

第一卷的內容,將唐代以前鄭《志》遺漏未錄者,統為一卷,補充鄭《志》的不足。鐘鼎、石碑的排列順序,按照鄭《志》體例,先金後石,以時代為敘。有鑑於鄭《志》對於碑碣所在地,多云未詳,因此二雲每錄一器,必詳考其所存之地,以求徵實。雖然三國、晉、六朝之碑刻流傳後世者不多,〔註4〕仍然沿襲鄭《志》之例,將其按朝代分列,不因碑刻數目少就綴合刪併。鄭《志》紀載歷代碑刻,皆以年代之先後為次,但是在著錄唐代時,卻將唐人分為上、中、下三目,又另立唐六帝、唐名家之目,而且在記錄唐代石刻時,也間附金刻。二雲認為鄭《志》在唐代部分自紊體例,因此在補遺唐代部分,仍然統一以時代為敘,不依照鄭《志》的分法。

宋人錄金石之文,多自唐兼及五代,唯有鄭《志》只錄至唐末,因此邵晉涵之續修從五代開始,第二卷到第四卷載錄五代迄明之碑刻,並仿照鄭樵〈圖譜略〉之例,以今有、今無分載。第二、三卷為今有者,其金石之排列,仍然依鄭《志》先金後石,以時代為敘的原則。五代及宋、遼、金碑刻為一卷,元明合為一卷,分綴碑碣所用字體,撰人、書人姓名,建立之年歲與現存之地,都根據直省所上拓本,詳加考覈,務求徵信。其著錄碑刻之體式如下:

〔註4〕曹仁虎等修《續通志・金石略》(杭州:浙江古籍出版社,1988年)卷167,頁12~14。邵晉涵補充鄭《志》遺闕部分,三國僅有〈魏盪寇將軍李苞題字〉一碑,晉只有〈潘宗伯韓仲元褒斜谷題字〉、〈咸康甎題字〉二碑,六朝則有〈梁侍中吳平忠侯蕭山神道碑〉等22碑。

修商王中宗廟碑　　梁周翰撰　司徒儼書　行書
　　　　　　　　　開寶七年　內黃　　　　　〔註5〕

松江寶雲寺記　　牟巘撰　趙孟頫書　行書　〔註6〕
　　　　　　　　至大元年　華亭

尊經閣藏書記　　劉瑞撰　胡鎮書　分書
　　　　　　　　正德十三年　錢塘　　〔註7〕

此外，立碑列撰、書人之姓名，始於六朝，至唐人而盛行。然唐碑有不載書人姓名的情形，還有連撰書人姓名也不載者，二雲依其舊制，不另作更動。如：

觀音寺方碣　　陸德明撰　正書
　　　　　　　武德五年　氾水　　〔註8〕

碧落碑　　篆書
　　　　　咸亨元年　絳州　〔註9〕

朝請大夫鄭君碑　　韓準撰　正書
　　　　　　　　　元和二年　洛陽　　〔註10〕

邵晉涵之時代分目，統稱五代，不分立為梁、唐、晉、漢、周，是仿照鄭《志》題三國、六朝之舊例。閩、南漢、北漢、南唐諸碑附見五代之後，乃從趙明誠《金石錄》之例。

　　第四卷著錄今無之金刻、石碑。古代的金石，大多矗立在深山幽谷之中，古廟舊墳之旁，經年累月的受到風雨侵蝕，很難保護周到，因此年歲一久，遂多有亡佚。其名雖著錄在冊，卻無由尋訪蹤跡，即使想摹揚保存，也不容易辦到。如果已佚金石一概刪削不錄，「既不足招往蹟之可珍，亦無以貽後來之考覈。」〔註11〕因此，邵晉涵根據各省所上之碑目，查核無跡可考者，統歸於一卷，依然照先金後石排列。如果知道金石舊時的所在地，則列敘在各條碑目之下。邵晉涵將淪沒、榛蕪、銷蝕、水火而散佚難稽之碑刻別列一卷的做法，實比鄭《志》之體例更為詳盡謹慎。

　　今依照《續通志·金石略》四卷，根據其著錄之內容與性質，列為一表，以俾讀者可一目瞭然。

〔註5〕同註4，卷168，頁4。
〔註6〕同註4，卷169，頁8。
〔註7〕同註4，卷169，頁31。
〔註8〕同註4，卷167，頁15。
〔註9〕同註4，卷167，頁17。
〔註10〕同註4，卷167，頁26。
〔註11〕同註4，卷170，頁1。

卷　名	原卷次	著　錄　內　容	著　錄　性　質
金石略一	卷一六七	歷代金刻 歷代石刻：三代、漢、三國、晉、六朝、隋、唐。	補充唐代以前鄭《志》遺漏未錄者
金石略二	卷一六八	歷代石刻：五代、宋、遼、金。	接續鄭《志》之記錄（今有）
金石略三	卷一六九	歷代石刻：元、明。	接續鄭《志》之記錄（今有）
金石略四	卷一七〇	歷代金刻 歷代石刻：秦、漢、三國、晉、六朝、隋、唐、五代、宋、遼、金、元、明。	存錄歷代金石之散佚難稽者（今無）

第二節　《續通志‧金石略》之成就

邵晉涵著錄金石時，都會先對碑文作校勘，爲內容作辨證，再加諸按語於相關碑刻之後。因此，從這些按語的分析中，可發現邵晉涵的金石研究心得與其成就，茲分述如下：

一、保存散佚金石

歷代流傳之金石，迭有散佚，鄭志對於亡佚金石並不著錄，邵晉涵編《續通志‧金石略》時，特闢一卷，專門錄存秦漢以至明代的散佚金石，保存了亡失的金石碑目，又將可考的原藏地分列相關條目之下，可謂精詳謹愼。今將《續通志‧金石略》所保存的吉金貞石數量略述如後：

（一）歷代金刻：從漢到明共著錄 22 個銅銘、古鐘。

（二）歷代石刻：石刻包括碑、牒、碣、墓誌、造像、題名、塔記等，秦收錄 1 個、漢代 1 個、三國 4 個、晉朝 3 個、六朝 23 個、隋代 8 個、唐代 131 個、五代 14 個、宋代 170 個、遼代 17 個、金代 63 個、元代 171 個、明代 108 個。

二、辨正金石文字

邵晉涵在著錄金石碑目之前，會先就碑刻之文字作一校勘，並將部分校勘結果附錄於後，如：

祀三公山碑　篆書　元氏

按：歐、趙二錄，有漢三公山碑，乃隸書，光和四年碑，今不存。
此碑在元氏城外，篆書，略可辨識者一百九十字，碑首行有缺初四年字。
〔註12〕

〈祀三公山碑〉經過邵晉涵的校勘，已可辨識一百九十字，又增補碑首之缺字。又如：

國子學石經　　艾居晦等書　正書
　　　　　　　開成二年　西安

按：唐石經立於開成二年，書石者為艾居晦、陳玠、段絳等，當時書非一手，所錄經文，偶不能無誤，然終勝他本。《金石文字記》轉據明代監本，駁石經之誤，今以《經典釋文》諸書校之，皆當從石經為是，《文字記》祇憑監本所見，亦固矣。〔註13〕

邵晉涵因為曾經奉詔校勘開成石經文字，因此對於諸經版本非常熟悉。《金石文字記》根據明代監本，指摘石經錯誤，邵晉涵駁斥《文字記》之固陋，並以《經典釋文》諸書校勘石經，發現石經文字反而比明代監本精當。又如：

端州石室記　　開元十五年
　　　　　　　肇慶

按：石室記，書、撰人姓名模糊，不可辨識。〔註14〕

〈端州石室記〉，邵晉涵並未列敘書、撰人之姓名，這是因為其姓名已經模糊無法辨識。

三、考證碑刻時代

邵晉涵在收錄吉金貞石時，「每器必考其所存之地。」〔註15〕敘述撰人、書人姓名，以及碑刻建立年歲，也必定「詳確考覈，務求徵信。」〔註16〕因此能辨證前人著錄之誤，考得碑刻之正確建立年代。如：

宋鼎銘　　篆書
　　　　　豐潤

按：豐潤古鼎出於明弘治間，土人鑿井得之。其銘云：「維甲午八月，肇作宋器。」或疑為劉宋所鑄，然考之正史，於事無據。惟北宋政和四年，

〔註12〕同註4，卷167，頁11。
〔註13〕同註4，卷167，頁28～29。
〔註14〕同註4，卷167，頁21～22。
〔註15〕同註4，卷167，頁4。
〔註16〕同註4，卷首按語，頁3。

歲在甲午，方講求古器爲圖譜，鼎當鑄於此時。其後隨石鼓輦致燕京，容或有遺在近郊者，今定爲北宋時鼎。〔註17〕

豐潤古鼎是在明代被發現的，鼎上只說是宋代之器，前人或疑爲南朝劉宋所鑄，邵晉涵考之正史，卻找不到證據，因此二雲依照金石學風氣的演變，將此鼎列入北宋。又如：

北漢千佛樓碑　　李惲撰　　劉守清書　行書
　　　　　　　　廣運二年　太原

　　按：《金石文字記》作晉開運二年，誤，今據碑改正。〔註18〕

《金石文字記》將〈北漢千佛樓碑〉誤載爲晉開運二年所建立。邵晉涵根據碑文，證實此碑立於北漢廣運二年。又如：

朔方節度使李光進碑　　令狐楚撰　于季元書　行書
　　　　　　　　　　元和十五年　太原

　　按：碑無建立年月，《金石文字續記》作元和十一年。據令狐楚結銜
　　係門下侍郎，《唐書・宰相表》楚以元和十五年閏三月爲門下侍郎，七月
　　罷，則此碑係元和十五年所立。〔註19〕

〈朔方節度使李光進碑〉沒有建立的時間，《金石文字續記》作唐代元和十一年。邵晉涵從《唐書・宰相表》考得令狐楚爲門下侍郎的正確時代，進而將此碑定爲元和十五年所立。

四、辨證前人之誤

　　清代以前的金石學書籍如：《金石文字記》、《金石錄》、《寶刻類編》等，在著錄金石之時間、撰書人時，或有錯誤。邵晉涵爲之詳考辨證，「用備論古者之取資。」〔註20〕如：

同游神泉詩　　尹元凱溫翁念李鵬詩各一首　　元凱書　篆書
　　　　　　　垂拱四年　富平
　　按：《金石錄》以爲垂拱元年作，又以翁溫念爲公念，今俱據碑文改
　正。〔註21〕

邵晉涵根據〈同游神泉詩〉之碑文，改正《金石錄》撰人與建立年代之錯誤。又如：

〔註17〕同註4，卷167，頁6～7。
〔註18〕同註4，卷168，頁2。
〔註19〕同註4，卷170，頁14。
〔註20〕同註4，卷首按語，頁4。
〔註21〕同註4，卷167，頁18。

虢國公楊花臺銘　　申屠液撰　　正書
　　　　　　　　　　咸寧花塔寺

　　按：《金石文字記》誤題虢國公主花臺銘，《金石表》因而附會，謂順
宗女封虢國公主，申屠液係順宗時人，今此碑實無主字。《寶刻類編》作
虢國公楊思勗花臺銘，《新》、《舊唐書》俱載楊思勗封虢國公，爲得其實，
液係開元時人。〔註22〕

　　邵晉涵根據〈虢國公楊花臺銘〉碑文，以及《新》、《舊唐書》的記載，證實《金
石文字記》與《金石表》將虢國公楊思勗誤爲虢國公主。又如：

周中書侍郎景範碑　　扈載撰　　孫崇望書　行書
　　　　　　　　　　顯德三年　　鄆平

　　按：景範碑係行書，《金石文字記》誤作正書。〔註23〕

邵晉涵根據〈周中書侍郎景範碑〉，證明《金石文字記》誤將行書作正書。

五、考訂六書源流

　　邵晉涵認爲金石之文可「傳小學之源流」，「周秦以後，石刻盛行，漢魏人所引
詩書，多當時經師異義、形聲、通轉，藉以考定六書。」〔註24〕因此他在校勘文字
的同時，又取與文字學互相印證。如：

魏敬史君碑　　正書
　　　　　　　興和二年　　長葛

　　按：敬史君碑借史爲使，六朝多別體字，此碑如綱作𢎥，喜作憙，皆
異文。碑陰有萇社令，又借萇爲長矣。〔註25〕

邵晉涵從〈魏敬史君碑〉之異文，考見六朝別體字。又如：

說文目錄偏傍字源　　僧夢英書　　篆書
　　　　　　　　　　成平二年　　西安

　　按：夢英所書《說文》目錄，以今本《說文》目錄校之，多一子部，
少一、部，末附夢英自序，并郭忠恕答書，俱正書。〔註26〕

邵晉涵將夢英所書的〈說文目錄偏傍字源〉，用當時通行的《說文》目錄校勘，發現
其中的異同之處。又如：

魏滎陽太守元寧造石像記　　正書
　　　　　　　　　　　　　孝昌二年　　洛陽

〔註22〕同註4，卷167，頁21。
〔註23〕同註4，卷168，頁1。
〔註24〕同註4，卷首按語，頁1。
〔註25〕同註4，卷167，頁13。
〔註26〕同註4，卷168，頁5。

按：《漢書‧地理志》滎陽，滎字從水。《北史‧王邵傳》有云：『熒
字三火。』則六朝熒字從三火，與此碑合。〔註27〕

在漢代，「滎」字從水。但是到了六朝，「熒」字則從三火。〈魏熒陽太守元寧造石像
記〉與《北史》所載相合。

六、補備史家闕誤

邵晉涵認為金石之文可「資經史之考覈」。「周秦以後，石刻盛行，……注《史
記》者，引泗水之碑；釋《漢書》者，據伏生之碣。官爵、年月、世繫、子姓，俱
得因碑文以補史家之闕遺，而辨章其同異，斯其有關於問學者甚鉅，而非空言撰著
所可比。」〔註28〕碑刻記錄了年代、姓氏、地名，或用來紀功、敘事。因此保存了
一些史事、史時、史地，而成為補充史書記載闕遺的資料。如：

晉溪州銅柱記　李宏皋記　正書
　　　　　　　天福五年　永順

按：此記為天策上將軍江南諸道都統馬希範與溪州刺史彭士愁約
誓，命天策府長史李宏皋作記。歐陽修《五代史記》作彭士然，朱彝尊
跋又誤作士愁，惟路振《九國志》作士愁，與桐柱文同，可以訂歐陽史
之訛。〔註29〕

邵晉涵利用〈晉溪州銅柱記〉之碑文，更正《五代史記》所載的人名之誤。又如：

敦煌太守裴岑紀功碑　分書
　　　　　　　　　　永和二年　巴里坤宜禾

按：裴岑之功，不見正史，遺碑僅存。恭遇聖朝，綏遠闢疆，俾其姓
名事蹟得表見於世，幸矣。〔註30〕

敦煌太守裴岑的功績不見於正史，邵晉涵以〈敦煌太守裴岑紀功碑〉之記載，使其
姓名事蹟得以大彰於世。又如：

安德州建靈巖寺碑　耶律邵撰　僧恒勛書　正書
　　　　　　　　　壽昌元年　承德

按：《遼史》紀年有壽隆而無壽昌，然遼碑俱作壽昌，無作壽隆者。
考聖宗名隆緒，道宗為聖宗之孫，如以壽隆紀年，則不避祖諱矣。當以碑

〔註27〕同註4，卷170，頁4。
〔註28〕同註4，卷首按語，頁1。
〔註29〕同註4，卷167，頁5～6。
〔註30〕同註4，卷167，頁9。

刻爲得其實。〔註31〕

遼代碑刻紀年，道宗年號俱作壽昌。然而《遼史》紀年，有壽隆而無壽昌。邵晉涵認爲道宗之祖名爲隆緒，因此《遼史》壽隆之說不可信，當以碑刻的壽昌爲眞。

　　邵晉涵編撰《續通志‧金石略》，不僅保存歷代散佚金石之碑目，又利用歷代流傳之碑刻，作爲六書發展源流之佐證，補充史書之闕漏，記載之訛誤。並運用嚴謹的考證方法，辨識模糊碑文，證明碑刻之確切建立年代，其成就實不僅止於一端。

〔註31〕同註4，卷170，頁30。

第八章　邵晉涵之方志學

　　邵晉涵在方志學方面之著作，有乾隆《杭州府志》及其所助修的《餘姚縣志》。乾隆四十三年（1778），餘姚知縣唐若瀛聘請二雲任《餘姚縣志》之協纂，二雲查稽宋明以來當地學田的因革，並詳考當時學田之實際狀況，撰成〈學校官田考〉。〔註1〕

　　杭州修志書始於宋周淙所撰的《乾道臨安志》，其後有施諤《淳祐臨安志》、潛說友《咸淳臨安志》。明代有徐一夔撰《洪武杭州府志》、另有撰人不詳的《永樂杭州府志》、《景泰杭州府志》、其後又有夏時正撰《成化杭州府志》、陳善撰《萬歷杭州府志》。清康熙二十三年（1702），馬如龍主持修纂《杭州府志》；乾隆時，邵晉涵承襲宋代以來舊志之規模，又創新體例，纂修《杭州府志》一百一十卷；光緒、宣統間，龔嘉儁等人繼承《乾隆志》體例，纂成《杭州府志》一百七十八卷。

　　乾隆《杭州府志》先後經過兩次修纂，邵晉涵皆擔任總修之職，始終其事，全書之內容、體例，多經二雲之策劃擬議，乾隆《杭州府志》可說是邵晉涵所一手編訂。此書繼承舊志之規模，又成為後代續修《杭州府志》之典範。因此本章以《杭州府志》為例，討論邵晉涵編纂此書之經過、體例與特色，以進一步探究邵晉涵在方志學上之貢獻。

第一節　《杭州府志》之纂修始末

　　乾隆《杭州府志》先後經過兩次纂修，第一次在乾隆四十二年（1777），〔註2〕

〔註1〕邵晉涵《南江文鈔》（上海：上海古籍出版社，1995 年）卷 8，頁 23～24〈學校官田考〉：「今年邑人請修志書，余不敏，承乏志事，因為鉤稽學田，按之前明陳冢宰碑記，及今現存檔冊，實有學田、學租名色，鑿鑿可據者，得田三百四畝八分五釐三毫，悉登載志書，以杜欺隱，而昭覈實。……時乾隆戊戌八月望日。」乾隆戊戌年即是乾隆 43 年。

〔註2〕龔嘉儁修、李榕纂（民國）《杭州府志》（台北：成文出版社有限公司，1974 年 12

第二次在乾隆四十九年（1784）。〔註3〕兩次修志之役，邵晉涵皆參與其事。

四十二年，杭州知府邵齊然聘請汪沆、王增與邵晉涵為總修，編纂《杭州府志》，歷時一年有餘，稿本略具。當時的浙江巡撫王亶望以貪黷著稱，王燧因覬覦杭州知府之職，賄賂巡撫，邵齊然遂被罷黜，《杭州府志》初稿也未及授梓。王燧繼任之後，另請錢獻之校正，王文治釐定。四十四年（1779），將稿本付梓，冒為己輯，王刊本不僅不記述邵晉涵等人之始事經過，以及助纂諸人之姓名，而且也不盡從錢、王兩人所校訂之成果，錢、王校釐之手稿後來也無存者。

四十五年（1780），王亶望獲咎革職。四十六年（1781），已經擢任杭嘉湖道的王燧因貪縱不法被褫職。四十九年（1784），新任知府鄭澐再次禮聘邵晉涵為總修，以前稿為底本續行修正。二雲根據原纂稿本，詳加考覈，增所未備，於四十九年十一月付之剞劂。此書「篇帙既富，體例尤精，世稱善本。」〔註4〕自從新修府志刊行，後人多從新志，王燧舊志則逐漸湮沒。

第二節　《杭州府志》之內容述要

《杭州府志》前有鄭澐〈序〉、修志〈凡例〉、〈杭州府志前後修輯姓氏〉、〈杭州府志卷首〉、〈杭州府志目錄〉。

鄭澐所撰〈序〉敘述修志、付梓之經過。

〈凡例〉十四則說明全書編排之方法、體例。

〈杭州府志前後修輯姓氏〉則分為「原修」和「續修」兩部分，保存兩次修志參與人員的分工情形及其貢獻。「乾隆四十三年原修」分「總裁」、「總修」、「分修」、「分校」、「監修」、「探訪」六項。「總裁」為杭州府知府邵齊然；「總修」為薦舉博學鴻詞汪沆、翰林院編修王增、翰林院編修邵晉涵；「分修」為內閣中書章煦等十五人；「分校」為中書科中書吳毅等四人；「監修」為錢塘縣學教諭韓義等三人；「探訪」為仁和縣學教諭張聲遠等二人。「乾隆四十九年續修」分「總裁」、「總修」、「分修」、「總校」、「分校」、「監修」、「謄錄」七項。「總裁」是杭州府知府今陞浙江糧儲道鄭澐；「總修」是翰林院編修邵晉涵；「分修」有候選道金泳等四人；「總校」是太平縣

月），卷178，頁5〈前志原委〉：「乾隆時修《杭州府志》，創於四十三年。」此說為誤。《南江文鈔》（見註1），頁19〈槐塘遺集序〉：「歲丁酉，杭州有修志之役，晉涵得隨先生後，同事編纂，寒暑無間者，一年有餘。」丁酉為乾隆42年，可見該年才是《杭州府志》始修之年。

〔註3〕同註1，卷6，頁19〈槐塘遺集序〉：「甲辰，續修《杭州志》，晉涵復司其事。」

〔註4〕黃雲眉《清邵二雲先生晉涵年譜》（台北：台灣商務印書館，1982年5月），頁70。

學教諭吳玉墀；「分校」有戊子科舉人賜國子監學錄銜王喆等十人；「監修」有杭州府學教授郭乾等二人；「謄錄」有江蘇儀徵縣監生鄭橋等十人。《杭州府志》之兩次修纂，邵晉涵皆任總修，負責修志過程中的實際事務，所耗費之心力最多，因此乾隆四十九年之《杭州府志》刻本，將作者題為鄭澐修、邵晉涵纂，後人也都依循其例。

〈杭州府志卷首〉卷首六卷，包括宸章五卷、巡幸一卷，載錄康熙、雍正、乾隆三帝所撰有關杭州之詩、文、賦。

〈杭州府志目錄〉下分一百一十卷，今依卷首〈凡例〉，分敘各卷內容及其編纂體例如下：

卷一〈圖說〉，古代方志是圖與經相輔而行，因此古稱州郡之志為「圖經」，邵晉涵沿襲舊法，卷一收錄二十二圖，依次為帝王行宮、府州縣諸圖、名山大川圖和舊城圖，每圖各繫以說明。一曰〈城內行宮〉圖；二曰〈西湖行宮〉圖；三曰〈星野〉圖；四曰〈府城〉圖；五曰〈府境〉圖；六曰〈府學〉圖；七曰〈府署〉圖；八曰〈錢塘縣〉圖；九曰〈仁和縣〉圖；十曰〈海寧州〉圖；十一曰〈富陽縣〉圖；十二曰〈餘杭縣〉圖；十三曰〈臨安縣〉圖；十四曰〈於潛縣〉圖；十五曰〈新城縣〉圖；十六曰〈昌化縣〉圖；十七曰〈武林山〉圖；十八曰〈天目山〉圖；十九曰〈錢塘江〉圖；二十曰〈海塘〉圖；二十一曰〈西湖〉圖；二十二曰〈南宋舊城圖〉。

卷二〈建置志〉，首列「建置沿革表」，考敘唐虞以迄清乾隆，杭州一府九縣之歷代建置沿革，表後則參覈舊典，旁引載籍，並「參以覩記」〔註5〕，詳述歷朝以來杭州府縣之建置經過。建置既定，則府縣之疆域、形勢、城池、鄉里、市鎮、橋樑俱可瞭如指掌，一一著於定位，因此卷三〈疆域志〉，卷四〈城池志〉，卷五〈市鎮志〉，卷六〈橋樑志〉。

卷七～九〈祠廟志〉，宋室南渡後，多遷祠廟於杭州，至於清代，尚且仍而不廢，歲時祭祀，以悍患禦災，護鄉祐民；至於名人故宇，遺愛鄉里，專廟奉祀，皆有功德於民者，作〈祠廟志〉。

卷十～十一〈學校志〉，學校以興民教、廣教化，關乎一地之風俗良窳、人民教育，作〈學校志〉。

卷十二〈公署志〉，公署、會城為府縣官吏統轄之處所，二雲根據舊志及各署修繕卷冊，考證歷代重修繕建之迹，作〈公署志〉。

〔註5〕　〔清〕鄭澐修、邵晉涵纂（乾隆）《杭州府志》（上海：上海古籍出版社，1995年）
　　　　卷首，頁1〈杭州府志凡例〉。

卷十三～二十二〈山川志〉，杭州山水之勝，素來聞名天下，宋代潛說友著《咸淳臨安志》，遞載峰嶺、巖洞、溪澗、泉池，邵晉涵承襲其體例，記載杭州名山大川之勝景，撰〈山川志〉。

卷二十三～二十六〈古蹟志〉，杭州為南宋故都，城池、宮榭、亭臺之遺跡，取前史以考覈，疏通證明舊聞，因作〈古蹟志〉。邵晉涵又另標新目，卷二十七〈名勝志〉，卷二十八～三十二〈寺觀志〉，卷三十三～三十四〈冢墓志〉。名勝、寺觀、冢墓皆屬古蹟之分，〈名勝志〉載康熙、乾隆南巡所遊幸之杭州名景，如康熙御定題名的〈蘇隄春曉〉、〈曲院風荷〉、〈雷峰西照〉，乾隆駕幸的海寧縣觀潮臺、觀海閣等，並兼錄御製詠景詩文。又「杭州寺觀相望，田汝成謂唐以前有三百六十寺；錢氏立國，宋室南渡，增至四百八十寺。」〔註6〕杭州寺觀數量雖多，然而因時興廢，重建或非故址，圖經記載舊稱，鄉里卻稱其新名，其間訛誤舛繆，不能分辨。邵晉涵考證舊聞，紀錄杭州歷代興築之寺觀，存其梗概，作〈寺觀志〉。〈冢墓志〉載杭州歷代名士、公卿、大夫之墓冢，以供後人之憑弔。

卷三十五記歷代兵制，杭州自漢以樓船軍隊戍守，便特別重視海防。清代在杭州設八旗駐防，並以綠營標兵相從守衛，實為東南一大重鎮，作〈兵制志〉。卷三十六〈錢法志〉，記歷代錢制貨幣之因革。

卷三十七記歷代鹽法，杭州地處東南沿海，自古即有煮海之利，因作〈鹽法志〉。杭州因河渠縱橫，又為近海之地，所以一直很重視隄防之修築，溪湖之疏濬，以資灌溉。因此卷三十八～三十九為〈海塘志〉，卷四十一～四十三作〈水利志〉。

賦稅、戶口向為資治之本，卷四十四作〈戶口志〉，卷四十五～四十九為〈賦稅志〉。卷五十〈積貯志〉，貯穀以資平糶，杭州自唐宋以後即有積貯之穀倉，廣設儲備，以待荒年之用。卷五十一〈卹政志〉，記載賑濟、緩征、恤孤、養老等事。

一地之風俗，關乎人事；物產之種類，因其土宜；天道之盈歉，則見祥異。卷五十二作〈風俗志〉，卷五十三～五十四〈物產志〉，卷五十五～五十六為〈祥異志〉。

卷五十七～五十九〈藝文志〉，杭州自漢以降，學術開始發展，宋代以後，學者文人輩出，著述如林，二雲依照《四庫全書》的四部分法，分載杭人之著作。依照文淵閣之例，後人箋注詩文別集者，皆列本集之後，然而邵晉涵在著錄時，卻遇到本集作者非杭人，不得收錄，而箋注家為杭人，又不能省略不載，因此〈藝文志〉創立「箋注類」，載箋注諸家。卷六十～六十一〈金石志〉，蒐整歷代吉金貞石之文，

〔註6〕同註5，卷28，頁1。

以資考史所引證。

　　卷六十二～六十六〈職官志〉，康熙《杭州府志》因當時省志未修，兼錄統轄之官，存備稽考，然不合府志體例，因此二雲作〈職官志〉，自知府以下，始列於表。

　　卷六十七～七十二〈選舉志〉，浙江為人文淵藪，科第之盛，歷代皆然。〈選舉志〉著錄漢代以後，杭人受薦辟、應科舉之中試人名。卷七十三〈封爵志〉記載歷朝杭人封侯而無事蹟者，封地屬杭州者，並從附見。卷七十四～七十九〈名宦志〉，以時代為敘，時代相同則依官階高低為次，著錄杭州歷代之賢官，有遺愛於杭民，久受謳思者。

　　卷八十～一○八〈人物志〉，下分名臣、忠臣、武功、循吏、儒林、孝友、義行、文苑、隱逸、方技、列女、寓賢、仙釋十三門，人物列傳參酌正史、前賢文集、四方志乘為據，記載務求徵信詳實。

　　卷一○九〈雜記〉，著錄前述各卷所未備，然辭必雅馴，不取支蔓。卷一一○〈前志原委〉，考見歷代纂修杭州府縣志書之本末。

第三節　《杭州府志》之編纂特色

　　邵晉涵編輯《杭州府志》，除了利用舊志之資料，又對引用的材料作詳細考證，訂正許多舊志、典籍的謬誤。今分述其編纂特色如下：

一、利用舊志資料

　　邵晉涵在修志過程中，廣博地搜采歷代舊志之相關資料，每有徵引，必註明出處於引文之後，以不掠人之美。如：〈選舉志〉言：「宋太學生自元豐年吳師禮至景定年徐沂皆本《咸淳志》。」〔註7〕又〈市鎮志〉記載杭州府縣轄境之市鎮，二雲也多引舊志之說，如：

　　　南場鎮：錢塘縣有南場、北觀、安溪、西溪四鎮。^{元豐九}城　志〔註8〕

　　　龍山市：去錢塘縣十五里。^{咸淳}志　〔註9〕

　　　江漲橋鎮：江漲橋鎮與范浦鎮，並端拱元年置，隸仁和縣。^{乾道臨}安志　〔註10〕

〔註7〕同註5，卷67，頁34。
〔註8〕同註5，卷5，頁2。
〔註9〕同註5，卷5，頁2。

郭店市：在縣北一十二里。^{舊海寧縣志}有郭溪，郭溪春水爲海昌八景之一也。
^{萬曆舊志}〔註11〕

袁花鎮：在海寧縣東六十里。^{大清一統志}〔註12〕

除此之外，二雲又利用舊志資料，作爲辨證之依據。如：

〈市鎮志〉府城內僅載「壽安坊市」，邵晉涵解釋說：「《咸淳志》更載有珠子市、藥市、米市及魚蟹花果諸行團，皆四方物貨所聚，後多遷變。《萬曆志》已言踪址非舊矣。今不備書。」〔註13〕原來宋代杭州府城內有珠子市、藥市、米市等，到了明代，這些貨物聚散的市集，多因遷變而非舊址，二雲根據《萬曆志》，不復書諸市之名。又如：

〈選舉志〉宋淳祐十年方夢魁榜，《淳祐志》本有何震夔，二雲引《咸淳志》認爲何震夔乃廣安人，故不載入。〔註14〕又如：

〈人物志〉的循吏門首載諸葛琮，邵晉涵說：「琮正史無考《咸淳志》載其名於古今人表；《成化志》據以錄入，今從之。」〔註15〕考之正史，並無諸葛琮之傳記，二雲根據《咸淳志》和《成化志》的記載，將諸葛琮列爲漢代之循吏。

二、考證精詳謹愼

邵晉涵編纂《杭州府志》時，雖然大量引用舊志資料，但是他並非毫無檢擇，而是又經過一番的考證審訂，務求記載之徵實可信。如：

〈寺觀志〉「潮鳴寺」文末按語說：「府縣舊志載高宗『野水參差落漲痕』一絕，此詩係蘇軾所作，意高宗曾手書此詩賜寺僧，承誤已久，今刪。」〔註16〕《成化志》及《仁和縣志》俱載南宋高宗作詩賜潮鳴寺僧，二雲詳考其事之始末，則「野水參差落漲痕」一詩乃蘇軾所作，高宗手書此詩賜之寺僧，舊志卻誤載爲高宗所作。又如：

二雲在〈物產志〉說：「綿花與木綿實異，木綿產交廣間，其樹高大。綿花，草

〔註10〕同註5，卷5，頁6。
〔註11〕同註5，卷5，頁10。
〔註12〕同註5，卷5，頁11。
〔註13〕同註5，卷5，頁1。
〔註14〕同註5，卷67，頁29：「按：《淳祐志》有何震夔，《咸淳志》據《中興登科小錄》以爲廣安人，故不載。」
〔註15〕同註5，卷86，頁1。
〔註16〕同註5，卷28，頁5。

本也。《南史》云：『高昌國有草實，如繭中絲，以爲細纑，名白㲲。取以爲帛，甚軟白。』此乃今之綿花，其種至宋始入中國，海內皆蒔之，錢塘濱江沙地，數十年來徧蒔綿花，其獲頗稔。今遠通商賈，爲杭州土物矣。」〔註17〕舊《海寧縣志》載綿花爲木棉，〔註18〕二雲詳考綿花之特徵，辨證木綿與綿花之差異。又如：

舊志將謝瞻列爲吳興郡守，二雲在〈職官志〉說：「今考本傳，瞻自楚臺書郎解職爲建威長史，後仕宋武帝，欲以瞻爲吳興郡，請爲豫章太守，永初二年卒。本傳所載甚明，舊志未經細檢上下文氣，誤列吳興郡守，今據史考證，不敢濫入。」〔註19〕二雲引證《南史》本傳，說明南朝宋武帝本來欲命謝瞻爲吳興郡守，謝瞻卻請爲豫章太守，因此謝瞻從未任職於吳興郡，舊志〈職官志〉將其列入南朝宋之吳興郡守爲誤。

三、考訂舊志之誤

由於邵晉涵利用舊志資料，必先經考證，因此能改正許多舊志著錄之誤。如：

〈祥異志〉：「陳：後主正明二年，臨平湖草舊塞，忽然自通南史本紀」「按：萬歷舊志載在正明元年，以史考之，實二年也。」〔註20〕臨平湖本來阻塞，後來忽然自通，《萬歷志》記載此事在陳後主正明元年，二雲考之《南史》，當在正明二年爲得實，《萬歷志》載誤。又如：

〈職官志〉載羊元保在南朝宋任吳郡太守，「舊志及《浙江通志》皆爲武帝時任，今考《南史・蔡興宗傳》：『元嘉中，羊元保爲吳郡守，行鄉射禮。』本傳亦云：『文帝時任。』今更正。」〔註21〕《南史》記載羊元保在元嘉時爲吳郡太守，元嘉爲南朝宋文帝年號，因此康熙《杭州府志》與《浙江通志》載於武帝爲誤。又如：

〈名宦志〉：「王籍字文海，臨沂人，仕齊爲餘杭令。南史本傳」《萬歷志》王籍作陶籍，是陶宏景之子，二雲辨證說：「王籍，《萬歷志》作陶籍，且云宏景之子。省志據《南史》改正。且宏景終身不娶，無子彰著史冊，《萬歷志》誤甚。」〔註22〕

四、闕疑傳信原則

邵晉涵在考證的過程中，如果舊志未錄，二雲便根據實際情形補記。如：

〔註17〕同註5，卷53，頁8。
〔註18〕同註5，卷53，頁8：「綿花：耐旱多種，早禾，木綿　舊海寧縣志」
〔註19〕同註5，卷62，頁10。
〔註20〕同註5，卷55，頁5。
〔註21〕同註5，卷62，頁10。
〔註22〕同註5，卷74，頁21。

〈市鎮志〉載「橫塘市」、「繭橋市」，此兩市爲仁和縣大市，但是舊府、縣志皆不載，邵晉涵爲之補記。此外，仁和縣又有「沙河沿市、新塘市、彭家埠市、白石廟市、枸橘衖市，俱在艮山門外，其食貨亦不亞於沙田、夾城，附記之，以補前闕。」〔註23〕沙河沿市等五市之昌盛，並不亞於當時仁和縣的沙田市、夾城市，二雲俱記之，以補舊志之闕。如果證據不足，也不輕下斷語，而是秉持闕疑傳信精神，錄以俟考。如：

〈冢墓志〉：「刑部侍郎項麒墓：在積慶山馬婆嶺下^{萬歷}_{舊志}」二雲說：「《嘉靖仁和縣志》謂麒墓在仁和艮山門外永福橋，未詳孰是。」〔註24〕項麒之墓地所在有二說，二雲無法分辨眞偽，便著錄兩說，以供讀者參考。又如：

〈名宦志〉：「蕭濟，字孝康，……世祖即位，授侍中，歷守臨安等郡。^{陳書}_{本傳}」二雲說：「《通考》、《通志》及《咸淳》、《成化》諸志，南宋以前，杭地俱無臨安郡，至於郡屬之臨安縣，前漢爲餘杭縣地，東漢分置臨水縣，至晉改臨安縣，《漢書》王子侯表有臨安侯，其國上接東萊之昌陽，下連東萊之徐鄉，地理志瑯琊郡有臨安縣，註云：『侯國，地當東海、東萊之間。』則《陳書》所載臨安郡未審何地，茲依省志錄之，俟攷。」〔註25〕蕭濟爲南朝陳人，《陳書》本傳稱他曾爲臨安郡守，但是在南宋以前，杭州並無臨安郡，二雲不詳《陳書》所指，只好依照省志著錄以待考。

五、補充史書不足

歷代正史之記載史事，常因經過取捨剪裁，有許多地方性的人物、史蹟，往往被省略不載，因此方志多具有補充史書記載闕略之特點，二雲纂輯《杭州府志》時，也具備此項特色。如：

〈名宦志〉：「陳渾，熹平元年爲餘杭令，縣有苕溪自天目發源，洪潦歲一再至，勢甚奔湧，溪小不能容，則氾濫橫溢，漂沒田廬，邑被其災，且及鄰縣。渾至，度地形于渡南，關上下兩湖，即湖之西北鑿石門，導溪流入湖，以分殺其勢，又延袤築湖塘三十餘里，俾水暫有所瀦，然後安徐出滾壩，不至怒馳，乃于沿溪一帶增置斗門、塘堰數十餘處，俾蓄洩以時，旱澇無患，民至今利賴之。初，邑城在溪南，渾請于朝廷，遂改置于西北，衛民固圉屹然，爲杭郡西陲重地焉。」〔註26〕陳渾之事蹟，爲《後漢書》所未載。又如：

〔註23〕同註5，卷5，頁7。
〔註24〕同註5，卷33，頁28。
〔註25〕同註5，卷74，頁19～20。
〔註26〕同註5，卷74，頁5。

〈藝文志〉兵家類載《握奇經注》、《孫子斷注》、《五經節要發揮》三書，〔註27〕皆為《明史·藝文志》未載。又如：

〈義行志〉：「胡龍友，字辰瞻，仁和人。善醫，就市賣藥，有韓康伯風，貧者不取值。有友孫姓，得危疾，群醫束手，龍友晝夜療治，量水稱藥，不辭勞瘁，愈其疾而歸，其篤交誼如此。」〔註28〕二雲記載胡龍友之義行，補充了《清史稿》之不足。

由於邵晉涵的著書態度謹慎，徵引資料必先考證，糾正舊志之失，補其闕漏，體例標目也有所創新。因此後世論者多有好評，「世稱善本」〔註29〕又稱揚此書「篇帙既富，體例尤精。」〔註30〕所以光緒、宣統年間，龔嘉儁等人續纂《杭州府志》，便是直接以二雲所撰《乾隆志》為藍本。

第四節　《杭州府志》之續纂概況

乾隆四十九年（1784），邵晉涵編纂《杭州府志》成書，此後將近百年，都未有續纂。光緒六年（1880），知府龔嘉儁延聘李榕等重修，成卷帙若干，後因費絀輟業；十四年（1888），知府陳文騄賡續前業；二十年（1894），知府陳璚持已完成志稿，請王棻校理，王棻為之訂正補苴，釐為二百一十二卷，定凡例二十八則，其記載事蹟迄於光緒二十年，然當時稿成而未授梓。民國五年（1916）吳慶坻取舊稿斟酌損益，其記事以宣統三年（1911）為斷，為定稿一百七十八卷，民國十一年（1922）付之剞劂。

民國《杭州府志》之纂修，歷時四十多年，文更眾手，方才成書。然而不論主修知府或總纂學者之替換，他們的編纂體例都以邵晉涵所纂《乾隆志》為依歸，如知府陳文騄說：「昔餘姚邵二雲先生，於乾隆四十三至四十九年間，始終志事，世稱善本，今之體例，一仍其舊。」〔註31〕繼任知府陳璚說：「光緒六年，前守龔君嘉儁禮延郡之賢士大夫，踵邵志為標目，曰：光緒《杭州府志》。」〔註32〕龔嘉儁與陳文騄為杭州知府期間，也是續修《杭州府志》稿本大致完成之時，其編纂體例多沿襲《乾隆志》而來，可知邵晉涵對《杭州府志》續修事業影響之深。今將邵晉涵所編撰與龔嘉儁等續修之《杭州府志》卷次篇目，作一比較，可以更清楚地了解續

〔註27〕同註5，卷58，頁4。
〔註28〕同註5，卷92，頁33。
〔註29〕（民國）《杭州府志》（見註2）卷首〈陳文騄序〉。
〔註30〕（民國）《杭州府志》（見註2）卷首〈陳璚序〉。
〔註31〕同註29。
〔註32〕同註30。

修府志承襲《乾隆志》體例的情形。

乾隆《杭州府志》之卷次篇目	民國《杭州府志》之卷次篇目
卷首記宸章、巡幸	卷首記宸章、巡幸
卷 1〈圖說〉	卷 1〈圖說〉
卷 2〈建置志〉	卷 2～3〈建置志〉
卷 3〈疆域志〉	卷 4〈疆域志〉
卷 4〈城池志〉	卷 5〈城池志〉
卷 5〈市鎮志〉	卷 6〈市鎮志〉
卷 6〈橋樑志〉	卷 7～8〈橋樑志〉
卷 7～9〈祠廟志〉	卷 9～13〈祠廟志〉
卷 10～11〈學校志〉	卷 14～17〈學校志〉
卷 12〈公署志〉	卷 18～19〈公署志〉
卷 13～22〈山川志〉	卷 20～28〈山川志〉
卷 23～26〈古蹟志〉	卷 29～32〈古蹟志〉
卷 27〈名勝志〉	卷 33〈名勝志〉
卷 28～32〈寺觀志〉	卷 34～38〈寺觀志〉
卷 33～34〈冢墓志〉	卷 39～40〈冢墓志〉
卷 35〈兵制志〉	卷 41〈兵制志〉
卷 36〈錢法志〉	
	卷 42～44〈兵事志〉
	卷 45〈圜法志〉
卷 37〈鹽法志〉	卷 46〈鹽法志〉
卷 38～39〈海塘志〉	卷 47～52〈海塘志〉
卷 40～43〈水利志〉	卷 53～56〈水利志〉
卷 44〈戶口志〉	卷 57〈戶口志〉
卷 45～49〈賦稅志〉	卷 58～65〈賦稅志〉
卷 50〈積貯志〉	
	卷 66～68〈海運志〉
	卷 69〈倉儲志〉
卷 51〈卹政志〉	卷 70～73〈卹政志〉
卷 52〈風俗志〉	卷 74～77〈風俗志〉
卷 53～54〈物產志〉	卷 78～81〈物產志〉

卷 55～56〈祥異志〉	卷 82～85〈祥異志〉
卷 57～59〈藝文志〉	卷 86～95〈藝文志〉
卷 60～61〈金石志〉	卷 96～98〈金石志〉
卷 62～66〈職官志〉	卷 99～106〈職官志〉
卷 67～72〈選舉志〉	卷 107～114〈選舉志〉
卷 73〈封爵志〉	卷 115〈封爵志〉
卷 74～79〈名宦志〉	卷 116～122〈名宦志〉
卷 80～108〈人物志〉，下分名臣、忠臣、武功、循吏、儒林、孝友、義行、文苑、隱逸、方技、列女、寓賢、仙釋十三門	卷 123～171〈人物志〉，下分名臣、武功、忠義、仕蹟、儒林、孝友、義行、文苑、疇人、隱逸、藝術、列女、寓賢、方外十四門
卷 109〈雜記〉	卷 172～173〈雜記〉
	卷 174〈交涉志〉
	卷 175〈交通志〉
	卷 176〈巡警志〉
	卷 177〈諮議局〉
卷 110〈前志原委〉	卷 178〈前志原委〉

　　由上表可知，民國《杭州府志》之卷次安排、篇章名稱，與《乾隆志》大體相同。至於民國《杭州府志》新增的幾卷，多與時代之遞變有關，為乾嘉以前所無者。如：海運之興起，是因東南方經漕運北送之米糧，自從咸豐以後，河道淤積，於是創設海運，因此著錄臣工之奏辦章程、經費事宜，作〈海運志〉。〔註33〕又如：增敘光緒、宣統間之新政，作〈交涉志〉、〈交通志〉、〈巡警志〉、〈諮議局志〉。〔註34〕〈人物志〉又增列「疇人」，以明專家之學。〔註35〕此外〈積貯志〉改為〈倉儲志〉；〈人物志〉將「循吏」改稱「仕蹟」；〈錢法志〉改稱〈圜法志〉，民國《杭州府志》又增錄光緒、宣統時鑄銀圜、銅圜、鈔幣之制。這些篇章大多只是改換篇名，內容則無甚差異。

〔註33〕　（民國）《杭州府志・凡例》（見註2），頁2：「東南漕米，上供天儲，咸豐以來，河道阻滯，始創海運，以濟其乏，今錄奏辦章程、經費事宜，釐為三卷，以存其略。」
〔註34〕　（民國）《杭州府志・重修例言》（見註2），頁3：「陸氏續纂時，增入光緒季年、宣統初年新政，曰：『交通』；曰：『交涉』；曰：『巡警』；曰：『諮議局』。別為四卷，抉擇之餘，題以續纂，次諸後帙。」
〔註35〕　（民國）《杭州府志・重修例言》（見註2），頁2：「增列疇人，以明顓家之學。」

第九章　邵晉涵之編纂學

　　編纂學是研究文獻的編纂形式與過程的學問。將編纂方法應用在文獻整理上，可以比較便利地保存文獻，並促進文獻之廣泛流傳。以孔子編纂六經爲例，《易》、《詩》、《春秋》、《尙書》、《禮》經過孔子的整理和編訂，各書之篇章、卷次，井井有條，內容極少重複，六經中除《樂》亡佚，其他五經因孔子之編纂，流傳至今，成爲我國非常重要的經典，而同時代的許多典籍因未經編纂，都早已亡佚。〔註1〕

　　邵晉涵曾經從事的編纂工作，包括他在四庫館和三通館中編修《四庫全書》、輯佚《舊五代史》、纂修《續通志》，關於這三方面的成就，在前面幾章論述已多，此不再贅述。本章要討論的是邵晉涵重修《宋史》的編纂宗旨及其成果，以及參與《續資治通鑑》之編纂始末。此外，邵晉涵在朝廷爲官期間，歷任日講起居注官，以及《萬壽盛典》、《八旗通志》、國史館的纂修官，在整理官方歷史文獻上曾經有過貢獻，但是這方面留下的資料不多，因此一併在第三節敘述。

第一節　重修《宋史》之計劃

　　《宋史》是元代的官修正史，元初時，世祖已命史臣修纂宋、遼、金三史，然延遲許久，並未成書。仁宗、文宗年間，也都曾下詔修史，仍然沒有修成。元代這幾次的修史，都只停留在議論階段，是因爲朝廷諸臣對宋、遼、金的正統問題，一

〔註1〕　洪湛侯《文獻學》（台北：藝文印書館，1996年3月），頁268～269：「如果從古代文獻整理情況看，文獻的散亡與是否經過編纂和編纂的好壞，有著很大的關係。……春秋時代流行的古書，以『典』爲名的有《事典》、《政典》、《祀典》、《訓典》、《令典》、《周公之典》等；以『書』爲名的有《禮書》、《刑書》、《丹書》、《載書》、《盟書》、《命書》、《璽書》等；……但是這些古書都早已亡佚，惟《六經》經過孔子整理編纂得以流傳下來，可見『編纂』的確是保存文獻的重要手段。」

直爭論不休，沒有獲得共識。元順帝時，又詔脫脫等人修三史，決定宋、遼、金皆爲正統，各爲一史。從順帝至正三年（1343）重開史局，至正五年（1345）纂修完成，《宋史》上起宋太祖建隆元年（960），下至帝昺祥興二年（1279），記載兩宋三百二十年的歷史，共四百九十六卷。

在二十四史當中，《宋史》是篇幅最大者。元修《宋史》以不及三年的時間，就修成如此卷帙浩繁的巨作，乃因史料來源主要是依據宋代現成的官修史書，包括宋人的國史、實錄、會要等纂輯而成。由於修史時間匆促，《宋史》資料又非常廣泛，修史者往往沒有時間考證異同，多依舊史著錄，無剪裁損益之功，因此歷代以來對《宋史》的批評最多，向有繁冗猥濫之譏。由於《宋史》本身存在的謬誤疏漏，明清以來，有許多學者企圖改作，如王洙《宋史質》、柯維騏《宋史新編》、陳黃中《宋史稿》，陸心源《宋史翼》等，此外尚有歸有光、湯顯祖、顧炎武、黃宗羲、邵晉涵、章學誠等人，亦都有志從事改修，其中邵晉涵是「一位對宋史研究作出重要貢獻而又鮮爲人知的學者」。〔註2〕

邵晉涵改寫《宋史》的想法，是源自於對《宋史》的不滿，他說：「《宋史》詞支蔓而事疏漏，於南渡以後尤甚。」〔註3〕《宋史》自南渡以後最爲荒謬，乃因「當時修《宋史》，大率以宋人所修國史爲稿本，恩遽成編，無暇參考。宋人好述東都之事，故史文較詳，建炎以後稍略，理、度兩朝，宋人罕所記載，史傳亦不具首尾，遂至文苑傳止詳北宋，而南宋僅載周邦彥等寥寥數人，循吏傳則南宋無一人，豈竟無可考哉！抑亦姑仍東都書之舊面，不爲續纂也。」〔註4〕元人修史，以宋人之國史爲稿本，宋人記載北宋之事蹟詳細，元人只襲宋人之舊，沒有補充南宋缺乏的史料，以致南、北宋之著述比例嚴重失調。

二雲又認爲：「南唐劉仁贍之死節，歐陽修五代史記、司馬光通鑑俱爲證明，而宋史仍作以城降。李澣終於遼，未嘗入宋，見遼史本傳，而宋史仍附傳於李濤傳後。此其於通行學官之書，同修之史，尚不及引證，其參差之蹟，闕遺之事，又豈可枚舉乎！」〔註5〕史家編纂史書應該參考前人的研究成果，再加以考論辯證。然而元修《宋史》，卻連當時通行的《新五代史》和《資治通鑑》都不加參酌，同時纂修的《遼史》也不予引用證明，是以出現許多參差遺闕之記載，例如：「汴京之破，失載王履之奉使盡節。南宋之末，失載王堅之守城不降。是其於忠義之士、立功之臣，

〔註2〕張秀平、羅炳良〈邵晉涵與宋史研究〉《文史哲》（1999年第2期），頁58～77。
〔註3〕邵晉涵《南江文鈔‧兩朝綱目備要提要》（上海：上海古籍出版社，1995年），頁63。
〔註4〕同註3，頁48〈宋史提要〉。
〔註5〕同註3，頁48～49〈宋史提要〉。

尙多闕落，尤爲疏漏之大者矣。」〔註6〕史書重要的功能之一在於懲惡揚善，《宋史》遺漏重要的史事，實有失褒貶勸戒之宗旨。因此二雲認爲《宋史》沒有多大史學價值，「姑取以備一代之史而已」。〔註7〕

　　邵晉涵說前人論《宋史》者，往往譏其卷帙龐雜，內容蕪蔓，記載史事又常互相矛盾重出。但是卻很少有人確實指出其蕪蔓疏漏的地方，像柯維騏的《宋史新編》只引《容齋五筆》，辨正向敏中、李宗諤數事，卻未能旁及。因此他在〈宋史提要〉裡，根據沈世泊的《宋史就正編》，再加上自己的研究意見，將《宋史》疏漏之處舉出數端：〔註8〕

一、紀傳之互異

　　本紀與列傳對同一史事的記載互相矛盾，其中之一爲誤載。如：

　　　一年　「〈高宗紀〉紹興十二年八月戊戌，洪皓至自燕，而〈洪皓傳〉作七月見於內殿。」

　　　二年　「〈朱倬傳〉，宣和五年登進士第，據〈徽宗紀〉，則宣和六年策進士，是爲甲辰科，並非五年。」

二、志傳之互異

　　志與列傳對同一史事的記載互相矛盾，其中之一爲誤載。如：

　　　一年　「〈宋準傳〉云：李昉知貢舉，擢準甲科，會貢士徐士廉擊登聞鼓，訴昉取舍非當，太宗怒，召準覆試，後遂行殿試；據〈選舉志〉，開寶六年，御殿給紙筆，別賜殿試，遂爲常制，是太祖時事，誤作太宗。」

　　　二年　「〈蘇舜欽〉傳云：康定中河東地震，舜欽詣匭通疏；據〈五行志〉，地震在寶元元年，康定止一年，無地震事。」

三、傳文前後互異

　　列傳彼此之間對同一史事的記載互相矛盾，其中之一爲誤載。如：

　　　一年　「〈杜太后傳〉云：『生太祖、太宗、秦王廷美。』據〈廷美傳〉，則其母爲陳國夫人耿氏。」

　　　二年　「〈張浚傳〉云：浚擢殿中侍御史，駕幸東南，後軍統制韓世忠所部，逼逐諫臣墜水死，浚奏奪世忠觀察使；據〈韓世忠傳〉，世忠乃左軍統制，而非後軍統制。……又〈滕康傳〉，韓世忠以不能戢所部坐贖

〔註6〕同註3，頁48〈宋史提要〉。
〔註7〕同註3，頁49〈宋史提要〉。
〔註8〕同註3，頁46～49〈宋史提要〉。

金，康復論世忠無赫赫功，詔降世忠一官，是奏奪世忠觀察使者，
乃滕康，而非張浚。」

四、世系不足盡信

《宋史》所載世系，取他書相印證，常發現一些錯誤。如：

一年　「〈晁補之傳〉云：太子少傅迥五世孫，宗慤之曾孫也，父端友，據
黃庭堅爲補之父端友撰誌銘云：晁氏世載遠矣，有諱迥者，以太子
少保致仕，諡文元，君之曾王父，諱迪，贈刑部侍郎，王父諱宗簡，
贈吏部尙書，父諱仲偓，庫部員外郎，刑部視文元母弟也，是補之
實非迥五世孫。又〈晁迥傳〉云：迥子宗慤。據曾鞏《南豐集》，宗
慤父名遘，是補之實非宗慤曾孫。」

二年　「〈謝絳傳〉云：祖懿文，父濤。據范仲淹撰謝濤誌銘，懿文生崇禮，
崇禮生濤，濤生絳，是謝絳實爲懿文曾孫。」

五、官資不可盡信

《宋史》所載官吏之仕宦經歷，可發現誤載、缺載的情形，如：

一年　「〈洪邁傳〉云：乾道二年知吉州，六年知贛州，辛卯歲饑，十一年
知婺州，十三年拜翰林學士，淳熙改元，進煥章閣學士。據〈本紀〉，
淳熙十四年有翰林學士洪邁言，則淳熙改元，當作紹熙改元，乾道
無十三年，傳云：辛卯歲饑，爲乾道七年，則十一年上，宜加淳熙
二字。又邁以淳熙十年知太平州，有惠政，今〈瑞麻讚姑孰帖〉尙
在太平，而傳文闕載。」

六、誤載史事

《宋史》對於史事記載之錯誤，證之他書可知者。如：

一年　「宋師伐遼，高鳳以易州來歸，見《北盟會編》，而《宋史》誤作郭
藥師。」

二年　「紹興中，趙鼎以奉國軍節度使出知紹興府，見《宰輔編年錄》，而
《宋史》誤作忠武軍。」

七、失載史事

《宋史》對於重要的人物事蹟有缺載情形，如：

一年　「汴京之破，失載王履之奉使盡節；南宋之末，失載王堅之守城不
降。是其於忠義之士、立功之臣，尙多闕落，尤爲疏漏之大者矣。」

二年　「〈文苑傳〉止詳北宋，而南宋僅載周邦彥等寥寥數人；〈循吏傳〉
則南宋無一人，豈竟無可考哉！」

　　邵晉涵舉正《宋史》缺失，對元人因不明史家修史立言之宗旨，以致《宋史》常有重複牴牾之弊病，深感重修的必要性。又受到章學誠與錢大昕的鼓勵啓發，章氏說：「史學不求家法，則貪奇嗜瑣，但知日務增華，不過千年，將恐大地不足容架閣矣！」〔註9〕譬如《明史》，是四史以外，官修史書最佳者，歷六十年方成書，共三百三十二卷，記載明代二百七十六年史事。然而元人修纂兩宋三百二十年歷史，竟止花不到三年時間就完成《宋史》四百九十六卷，明朝雖比兩宋短四十四年，《宋史》卻比《明史》多了一百六十四卷。由二史之修纂時間、篇幅差距論之，不難想見《宋史》之蕪蔓。因此章氏才會認爲修史若不知取捨剪裁，恐怕天地之間會裝不下那麼多圖書吧！二雲對章氏之說「撫膺欷絕」。〔註10〕又聞錢大昕論《宋史》紀傳：「南渡後不如東都之有法，寧宗以後，又不如前三朝之粗備，微特事迹不完，即褒貶亦失其實！」〔註11〕二雲「聞而善之」。〔註12〕因爲前人議論前史之蕪蔓，莫過於元人三史，尤其《宋史》不僅史料闕漏、記載誤謬，而且體例粗略、褒貶失當。邵晉涵對章、錢二氏之說既深有同感，又出於一個史學家對歷史的使命感，於是遂「慨然自任」〔註13〕重新刊定《宋史》的重責大任。

　　乾嘉以前改編宋史的著作有王沫《宋史質》、柯維騏《宋史新編》、陳黃中《宋史稿》等，都是根據《宋史》修訂改編，因此史學價值並不高。二雲認識到若只在舊史基礎上作修補編刪，絕對無法超過舊史框架，得到更高的成果與價值，所以修史必須先有明確的編纂宗旨，然後別出心裁，以成一家之言。雖然二雲改寫《宋史》的志向沒有完成，但是其改撰《宋史》的著述宗旨，則留存在章學誠的著作當中。據章氏〈邵與桐別傳〉，乾隆四十八年（1783），章氏臥病京師，在二雲家中休養。當時兩人相約各自改編《宋史》成書，譬如後漢、晉史各自成家，聽憑後人之抉擇取捨。並進一步論及纂修《宋史》之宗旨，章氏認爲「當取名數事實，先作比類長編，卷帙盈千可也，至撰集爲書，不過五十萬言，視始之百倍其書者，大義當更顯也。」二雲以爲章氏由博反約，不因「鶩博而失專家之體」，確爲著史之要義。二雲亦向章氏論其立言宗旨：「宋人門戶之習，語錄庸陋之風，誠可鄙也。然其立身制行，出於倫常日用，何可廢耶！士大夫博學工文，雄出當世，而於辭受取與出處進退之間，不能無簞豆萬鍾之擇，本心既失，其他又何可

〔註 9〕　章學誠《章氏遺書‧邵與桐別傳》（台北：漢聲出版社，1973 年 1 月），頁 7。
〔註 10〕　同註 9。
〔註 11〕　錢大昕《潛研堂文集‧日講起居注官翰林院侍講學士邵君墓誌銘》（上海：商務印書館，1936 年 7 月），頁 686～687。
〔註 12〕　同註 11，頁 687。
〔註 13〕　同註 9。

議焉。此著宋史之宗旨也。」〔註 14〕這段話清楚地表示，二雲透過重新修撰《宋史》，融入自己的價值思想，批評宋人不良學風，又褒揚宋代士大夫的氣節，希望通過宋人關心國家命運前途的精神，懲戒宋代理學空疏的學風，將道德修養的精神境界與實際社會聯繫起來，這也是浙東學者認爲史學在經世致用的高度表現。

　　邵晉涵纂修《宋史》的宗旨如此，貫徹至其改寫的方法中，他認爲元修《宋史》所以詳載北宋，是因有王偁《東都事略》已經保存豐富的史料。所以他重新編纂《宋史》的想法，先取熊克《九朝通略》、《中興小紀》、李燾《續資治通鑑長編》、李心傳《建炎以來繫年要錄》、陳均《皇朝編年備要》、劉時舉《續宋編年資治通鑑》以及宋人筆記，撰爲《南都事略》，以續王偁之書，使兩宋之史料篇幅相當，史事能前後條貫粗具，再根據王氏《東都事略》與自著之《南都事略》所載史料，重新剪裁編排，纂修成貫通南、北宋的趙宋一代全史，此法正是二雲以簡馭繁宗旨之體現。書成約一百五十萬字，不名《宋史》，而稱《宋志》，意在區別與《宋史》不同的撰述旨趣。

　　《南都事略》與《宋志》兩書，二雲弟子章貽選稱俱未卒業，「皆參差未定稿」。〔註 15〕不過錢大昕說二雲「撰《南都事略》以續王偁之書，詞簡事增，過正史遠甚。」〔註 16〕似乎錢氏曾看過《南都事略》全書，才會下如此評論。李詳也說：「邵二雲先生《南都事略》，……王益吾先生言，馬端敏督兩江日，有人持此稿以獻，將付局刊行，會端敏遽卒未果，稿亦不知爲何人所得。今聞藏洪琴西先生後人所。」〔註 17〕李慈銘又說：「邵南江先生《南宋事略》稾本，向藏倉橋沈氏。壽年，沈寄凡以呈曾文正，將刻於江甯書局，而文正移督直隸，事遂輟。」〔註 18〕依李詳、李慈銘之說，則二雲之《南都事略》不只已完稿，且在同治年間尚存於世。譚獻復說此事云：「海寧唐端甫，錢警石先生之弟子也。精熟目錄，刻志校讎，爲予言邵二雲《南都事略》，曾見活字印本，有闕卷耳。似人間必有傳本，志之以俟。」〔註 19〕照譚氏之說，《南都事略》似曾付之刊行。

　　由前述諸家說法論之，《宋志》無人見過，其爲草創未成，應屬實情；《南都事略》曾親睹其稿者，不止一人，其已成書，應可斷定。只是《南都事略》在二雲卒後，輾轉諸藏家，流離散佚，今日考其遺跡仍不可得。錢大昕憶及二雲改撰

〔註 14〕同註 9，邵晉涵與章學誠論修《宋史》宗旨之言論，詳見〈邵與桐別傳〉。
〔註 15〕同註 9。
〔註 16〕同註 11。
〔註 17〕李詳《李審言文集》（江蘇：江蘇古籍出版社，1989 年 6 月），頁 461～462。
〔註 18〕李慈銘《桃花聖解盦日記・庚集》（台北：文光圖書公司，1963 年），頁 56。
〔註 19〕譚獻《復堂日記》（台北：新文豐出版公司，1989 年）卷 3，頁 7。

《宋史》一事，曾云《南都事略》之篇目悉依王偁體例，二雲並請錢氏為之酌定〈儒學〉、〈文藝〉、〈隱逸〉三傳目錄，由此可窺知，二雲之著述體例乃採紀傳體為之。二雲既沒，索其遺稿於邵家無所得，錢氏遂錄三傳之目錄於書，以備後學參考。今趙錄如下：〔註20〕

〈儒學一〉

楊時	尹焞	胡安國寅宏寧	朱震
范冲	羅從彥	李侗	朱熹
黃榦	李燔	張洽	陳淵
李方子	黃顥	蔡元定沈	張栻
呂祖謙	眞德秀	魏了翁	

〈儒學二〉

邵伯溫	喻樗	洪興祖	高閌
林之奇	林光朝	楊萬里	陸九齡九韶九淵
陳溥良	薛季宣	葉適	戴溪
楊簡	袁燮甫	李舜臣道傳心傳性傳	楊泰之
蔡幼學	程迥	劉清之	廖德明
湯漢	何基	王柏	葉味道
王應麟	黃震		

〈文藝〉

汪藻	陳與義	葉夢得	程俱
曾幾	張嵲	韓駒	朱敦儒
徐俯	葛勝仲	熊克	陸游
范成大	鄭樵	尤袤	陳亮
徐夢莘	劉克莊	張即之	

〈隱逸〉

徐庭筠	蘇雲卿	譙定	王忠民
劉勉之	胡憲	郭雍	劉愚
魏掞之	安世通		

邵晉涵的《南都事略》與《宋志》兩書雖然都沒有完成，但是針對「向來論《宋

〔註20〕錢大昕《十駕齋養新餘錄》（台北：新興書局，1985 年）卷中，頁 505。

史》者，俱譏其繁蕪，而鮮所舉證」〔註21〕的情形，二雲在生前早已著手考證《宋史》之訛誤，他對自己考異的結果也頗為自豪，「嘗據宋事與史策流傳大違異者凡若干條，燕閒屢為學者言之。」〔註22〕《南江札記》卷四保存了《宋史》札記四十六條，其中吸收《宋史就正編》者十一條，二雲實又得三十五條考異之成果。羅炳良將四十六則考證《宋史》的方法歸納為六點。〔註23〕今參酌羅炳良先生之論點，細分為八種，並舉例疏證如下：

一、以《宋史》紀、傳互相考異證誤。如：「〈鄭清之傳〉，嘉泰二年入太學，十年登進士第，十六年遷國子學錄。」句下邵晉涵曰：

　　按：〈寧宗本紀〉嘉泰止四年，嘉定則十有七年，疑嘉泰為嘉定之誤，或十年上脫嘉定二字。〔註24〕

又如：「〈袁韶傳〉，為臨安府尹，紹定元年，拜參知政事。」句下邵晉涵曰：

　　按：〈本紀〉及〈宰輔表〉做同知樞密院事、資政殿學士。〔註25〕

二、用《宋史》志、傳互相考異證誤。如：「〈佞倖傳〉龍大淵知閤門事，曾覿權知閤門事，皆兼皇城司，勢張甚。一日，內史洪邁過參政陳俊卿。」句下邵晉涵曰：

　　按：〈職官志〉無內史之銜，當稱中書舍人洪邁。〔註26〕

又如：「〈姦臣傳〉：曾布以韓維、王安石薦，上書言政之本要，大率皆安石指也。神宗召見，論建合意，授太子中允、崇政殿說書，加集賢校理，判司農寺，檢正中書五房。凡三日，五授敕告。」句下邵晉涵曰：

　　按：〈職官志〉，中書省分房，有曰戶房。掌行廢置升降郡縣、調發邊防軍須、給貸錢物。又云：檢正官五房各一人。則知傳中五字當作戶字。〔註27〕

三、用《宋史》各傳互相考異證誤。如：「〈張守傳〉，上在維揚，葉夢得請上南

〔註21〕同註3，頁46〈宋史提要〉。

〔註22〕同註9。

〔註23〕羅炳良〈邵晉涵對宋史研究的重要貢獻〉《求是學刊》（1999年第一期），頁104～108。羅炳良將二雲四十六則考證《宋史》的方法歸納為六點：（一）用《宋史》紀傳參互考證（二）用《宋史》志傳參互考（三）用《宋史》各傳參互考證（四）用《宋史》與其他史籍參互考證（五）用《宋史》與宋人碑版參互考證（六）根據實際情況考證《宋史》之誤。

〔註24〕邵晉涵《南江札記》（台北：大華印書館，1968年），頁213。

〔註25〕同註24，頁214。

〔註26〕同註24，頁222～223。

〔註27〕同註24，頁223。

巡，阻江爲守，張浚亦奏敵勢方張，宜且南渡。」句下邵晉涵曰：

按：請南渡者爲張俊，見〈張俊傳〉，非浚也。〔註28〕

又如：「〈佞倖傳〉，龍大淵知閤門事，曾覿權知閤門事，皆兼皇城司，勢張甚。一日，內史洪邁過參政陳俊卿曰：『聞將除右史，邁遷西掖，信乎？』俊卿曰：『何自得之？』邁以二人告，俊卿即奏之，且以邁語質之帝前，帝怒，即出二人於外。」句下邵晉涵曰：

按：〈陳俊卿傳〉，乃是人言鄭聞將除右史，今去一鄭字，語不可解矣。
〔註29〕

四、以他書補充《宋史》之失載，如：「〈符皇后傳〉，姊，周世宗后也，淳化四年殂。」句下邵晉涵曰：

按：《五代史記》：世宗立符氏爲皇后，彥卿女也，崩諡宣懿；後又立符氏爲皇后，即宣懿妹，是彥卿兩女爲周世宗后也。傳不言宣懿，〈彥卿傳〉不言後符后及太宗后。〔註30〕

又如：「王安節，節度使堅之子也。少從其父守合州有功，安節等五兄弟皆受官。堅爲賈似道所忌，出知和州，鬱鬱而死。安節守常州，城破，率死士巷戰，臂傷被執曰：我王堅子安節也。降之不得，乃殺之。」句下邵晉涵曰：

按：王堅守合州事，〈傳〉未詳。據《宋史紀事本末》：堅守合州，屢敗蒙古之兵。開慶元年，蒙古主蒙哥遣降人晉國寶來招諭，堅殺之。蒙哥遂令大將軍渾都海以兵二萬守六盤，乞台不花守青居山，又令鈕璘造浮舟於涪州之藺中，以杜援兵。蒙哥自雞爪灘渡，直抵合州城，俘男女萬餘，堅力戰以守，蒙哥會師圍之，自二月至七月，不克。前鋒大將汪得臣選兵夜登外城，堅率兵逆戰，遲明，得臣單騎大呼曰：『王堅，我來活汝，軍民宜蚤降。』語未既，爲飛石震死。會大雨，攻城梯折，軍退，蒙哥死於合州城下。圍解，進寧遠軍節度使，清水縣伯。〔註31〕

五、以他書改正《宋史》之誤載。如：「〈王嗣宗傳〉，嗣宗以語譏种放，放曰：『君以手搏得狀元耳，何足道也。』初，嗣宗就試講武殿，搏趙昌言帽，故放及之。」句下邵晉涵曰：

按：此乃《涑水紀聞》之誤，按王明清《玉照新志》：開寶八年，王

〔註28〕同註24，頁212。
〔註29〕同註24，頁222～223。
〔註30〕同註24，頁204。
〔註31〕同註24，頁215～217。

嗣宗第一，陳識第二；太平興國三年，胡旦第一，趙昌言第二。〔註32〕

又如：「〈王倫傳〉，紹興十四年，金欲以倫為平灤三路都轉運使，倫拒之，被殺，於是河間地震，雨雹三日不止云云。」句下邵晉涵曰：

> 按：《金史》皇統四年正月己未，殺王倫，至十月甲辰，河朔諸郡地震，與倫死無涉。〔註33〕

六、以墓誌銘補充《宋史》之失載。如：「〈郭逵傳〉，逵為汾州都監，龐籍鎮河東，俾權忻州。契丹來求天池廟地，籍不能決，以訪逵，逵訪得太平興國中故牘，證為王土，檄報之，契丹愧之。」句下邵晉涵曰：

> 按：范祖禹撰逵墓誌銘：契丹請天池廟以為故疆，久不決，龐公委公往議，公於故牘得太平興國中，契丹移文天池縣曰：『遙祀天池廟有應，以屬南朝地，未敢擅修。』公以示龐公，龐公喜命公自為報。據此則傳中故牘上，宜加契丹二字，始合當日情勢。〔註34〕

七、以墓誌銘改正《宋史》之誤載。如：「〈趙開傳〉，初，錢引兩科通行纔二百五十萬有奇，至是添印至四千一百九十餘萬。」句下邵晉涵曰：

> 按：李燾所撰墓誌銘作一千七百一十萬緡。〔註35〕

又如：「劉恕年十三欲應制科，從人假漢、唐書，閱月皆歸之。詣丞相晏殊，問以事，反覆詰難，殊不能對。恕在鉅鹿時，召至府，重禮之，使講春秋，殊親帥官屬往聽。未冠，舉進士，時有詔，能講經義者別奏名，恕擢第一。國子試講經，復第一，遂賜第，調鉅鹿主簿。」句下邵晉涵曰：

> 按：范祖禹〈劉秘書墓碣〉云：釋褐邢州鉅鹿主簿，陳廓公帥高陽，召至府，重禮之，使講春秋，丞相親帥官屬往聽，是召至府陳堯咨，非晏殊也。又事在為鉅鹿主簿時，今敘於未冠舉進士前，誤矣。〔註36〕

八、根據實際情況考證《宋史》之誤。如：「〈田錫傳〉改左拾遺，時趙普為相，命有司受羣臣章奏，必先白錫。錫遺書于普，以為失至公之體，普引咎謝之。」句下邵晉涵曰：

> 按：必先白錫，錫字乃普字之誤。〔註37〕

又如：「〈余玠傳〉，淳祐二年，授四川安撫制置使，……十三年大戰於嘉定。」

〔註32〕同註24，頁205。
〔註33〕同註24，頁209。
〔註34〕同註24，頁205。
〔註35〕同註24，頁212。
〔註36〕同註24，頁221～222。
〔註37〕同註24，頁206。

句下邵晉涵曰：

> 按：淳祐十二年八月辛巳，詔明年改元寶祐。玠卒於寶祐元年七月，戰在十二年十月，三字誤。〔註38〕

　　以上所舉證例，僅《南江札記》中《宋史》考異的一部份，通觀四十六條考證文字，二雲除了吸收沈世泊《宋史就正編》的成果外，又廣泛地徵引諸史群書，〔註39〕與《宋史》互相參定考校，是以其考異成果相當具有史學參考價值。他針對《宋史》或改正、或補充、或證誤，考異的範圍涉及爵位、世系、年代、地理、職官、姓名、史實、制度、年號、數字、災害、年齡、外交等方面。在考證宋代史事之訛誤外，二雲還糾正《涑水紀聞》、《宋史新編》之誤載；又引《宋史紀事本末》補充王堅守合州城之始末，皆已超出單純的史考範圍。

　　由於邵晉涵對宋元史事相當熟悉，章學誠稱他「天性本敏，家藏宋元遺書最多。」〔註40〕又說二雲「嘗據宋事與史策流傳大違異者凡若干條，燕閒屢為學者言之。」〔註41〕而且二雲在四庫館從事輯佚工作時，輯出許多宋元史書。裒輯《舊五代史》，也參考了大量宋人之著作，又利用《太平御覽》、《太平廣記》、《玉海》、《容齋五筆》、《藝文類聚》、《東都事略》、《宋史》、《遼史》、《續通鑑長編》、《九國志》、宋人說部文集，為五代史事作補闕考異，因此對宋代史料瞭如指掌。

　　由於二雲在乾嘉時期即以史學著稱，其對宋元歷史之造詣，又深受重視。所以當時的學者對於二雲改編《宋史》多寄予厚望，章學誠就懷抱很高期待的說：「識者知君筆削成書，必有隨刊疏鑿之功，蔚為藝林鉅觀。」〔註42〕段玉裁也致書二雲說：「先生邃于史學，聞實齋先生云有《宋史》之舉，但此事非先生莫能為。」「聞以《宋史》自任，不知何日可成？令郎於《宋史》之學亦深，想必相得益彰，將來刪削繁蕪，繼宗馬班，能令鄙人尚及見否！」〔註43〕錢大昕並稱許《南都事略》之草稿：「詞簡事增，過正史遠甚。」〔註44〕二雲逝世後，因為《宋志》尚未完成，章學誠

〔註38〕同註24，頁214～215。
〔註39〕二雲所徵引書目有：《五代史記》、《金史》、《元史》、《宋史紀事本末》、《宋史新編》、《建炎以來朝野雜記》、《宰輔編年錄》、《歷代名臣奏議》、《三朝北盟會編》、《文獻通考》、《西湖遊覽志》、《涑水紀聞》、《玉照新志》、《玉堂雜記》、《劉後村集》、《南豐集》、《李忠定集》、《山谷集》、〈劉秘書墓碣〉、〈晁君成墓誌銘〉、〈張耒墓誌銘〉、〈謝濤墓誌銘〉、〈郭逵墓誌銘〉。
〔註40〕同註9，〈與胡雒君論校胡穉威集二簡〉，頁42。
〔註41〕同註9，頁7～8。
〔註42〕同註9，頁8。
〔註43〕李慈銘《荀學齋日記‧己集》（台北：文光圖書公司，1963年），頁19。
〔註44〕同註11，頁687。

不禁感嘆說：「不特君之不幸，亦斯文之厄也。」〔註 45〕章氏還曾向其家索取宋史遺稿，卻無所得，章氏對於不得一窺二雲《宋志》殘稿之涯略，終身均抱有「無窮之慨也」。〔註 46〕

第二節　修訂《續資治通鑑》

邵晉涵與改編《宋史》相關的另一次修史活動，是爲畢沅覆審《續資治通鑑》。康熙年間，徐乾學認爲明人陳桱的《通鑑續編》和王宗沐、薛應旂兩家的《宋元資治通鑑》疏舛過甚，於是邀請萬斯同、閻若璩、胡渭等人修纂《資治通鑑後編》。由於當時李燾《續資治通鑑長編》並未完全輯出、李心傳《建炎以來繫年要錄》等相關重要資料也尚未輯錄，所以《資治通鑑後編》仍舊未臻完備，而且徐本和《宋史》一樣，詳北宋，略南宋，全書宋代史事有一百五十二卷，北宋就佔一百零四卷，南宋僅四十八卷。

乾隆時，畢沅覺得徐本還是不夠理想，於是約集學者再加修訂，用編年體撰述宋、遼、金、元史，定名爲《續資治通鑑》。畢沅起初是委由一名賓客主事纂修，用了二十年功夫，僅就徐乾學之《資治通鑑後編》「稍爲損益，無大殊異。」〔註 47〕畢沅對此本深感不滿意，於是又延請孫星衍、洪亮吉和邵晉涵爲之覆審修訂，由於當時四庫館已經輯出大量的宋元史書，二雲對宋元史事造詣又最深，因此他在修訂工作中實負其責，出力最多，「出緒餘爲之，覆審其書，即大改觀。」〔註 48〕當時畢沅正領兵在外，修訂本寄至軍營，畢沅讀後大喜歎服，「手書報謝，謂迥出諸家續鑑上也。」〔註 49〕並讚譽二雲是「今之道原、貢甫也。」〔註 50〕然不久後畢沅即沒於軍中，畢家後來據以刊刻者，爲賓客所撰初稿，今日吾人所見之《續資治通鑑》即是此賓客初定之本，二雲之修訂本則下落不明，二雲爲修纂刪潤《續資治通鑑》，也曾撰述《宋元事鑑考異》，說明材料取捨之緣由，然此書同其修訂本，早已佚失，欲考其編修刪訂之法，亦不可得矣！

〔註45〕　同註9，頁8。
〔註46〕　同註9，頁12。
〔註47〕　同註9，頁8。
〔註48〕　同註9，頁8。
〔註49〕　同註9，頁8。
〔註50〕　同註11，頁687。

第三節　參與編纂之官方文獻

邵晉涵在朝廷爲官期間曾任翰林院侍講學士、日講起居注官、兼文淵閣直閣事。又爲《八旗通志》、國史館、《萬壽盛典》纂修官。參與編纂《八旗通志》、《國史》、《起居注冊》、《萬壽盛典》等官方歷史文獻，因流傳資料不豐，只能概述如後。

一、編纂《八旗通志》

八旗是滿洲興起時特有的兵制，同時也是一種與民政、經濟相關的制度。《八旗通志》曾經兩次修纂，第一次是在雍正五年（1727），乾隆四年（1739）刊印成書，後來稱爲《八旗通志初集》。乾隆三十八年（1773），詔開四庫館，內府藏書爲《四庫全書》搜書來源之一，五十一年（1786），館臣將已修訂繕校過的《八旗通志初集》進呈御覽，乾隆認爲修改無多，且問題不少，於是敕令重纂，此重訂本即《欽定八旗通志》。邵晉涵曾任八旗通志纂修官，其所參與編纂之役，即乾隆五十一年的重修工作，然而《欽定八旗通志》纂修的人雖然很多，但是可考者少，雖然二雲確曾奉詔修纂，然其參與實情卻記載不詳，無由知其貢獻如何，謹識於此。

二、修纂清代《國史》

國史館，屬翰林院，主要任務是纂修清朝歷史，國史的主要內容爲本紀、志、表、列傳。清朝非常重視修史工作，所以編修人選皆從翰詹諸臣中，擇取品德學問最著者擔任。邵晉涵即曾充任國史館纂修官，後又爲國史館提調，兼掌進擬文字。提調爲國史館內具體事務的負責人，館內人員的調撥、纂修功課的督催，與其他政府部門的文書往來，均由提調主持處理，提調本人也常常親自參與修撰國史，是國史館中極爲重要的官員。提調一職通常由內閣侍讀學士、侍讀、翰林院侍讀等官兼任，「又往往從纂修官中升任，在修史上亦爲行家。」〔註51〕邵晉涵任國史館提調即是由纂修官榮升，可見其修史功力之受到肯定。

邵晉涵編纂國史時，每作紀、傳必定依據實錄、起居注、內閣紅本、皇史宬副本等，搜採事實，謹慎載筆，不得雜入稗官叢說，以示昭信於後人。在史館十餘年，「數十年來名卿列傳，皆出其手。據實直書，未嘗依阿瞻徇。」〔註52〕時人「咸以爲魏憺、韋述之比」。〔註53〕在《南江文鈔》只保存一篇列傳：〈年遐齡列傳〉。〔註54〕

〔註51〕馮爾康《清史史料學》（台北：台灣商務印書館，1993年11月），頁35。
〔註52〕王昶《蒲褐山房詩話》（台北：廣文書局，1973年9月），頁203。
〔註53〕王昶〈翰林院侍講學士充國史館提調官邵君晉涵墓表〉，《國朝耆獻類徵初編》（台北：

三、編訂《起居注冊》

起居注館，屬翰林院，內設日講起居注官，從翰林院、詹事府各官簡用。起居注官必須輪值侍從皇帝，逐日記錄，再交總辦記注官逐條查核增改，送翰林院掌院學士閱定後，按月裝訂成一冊或二冊，封面題《起居注冊》。第二年把頭一年整理好，寫出序跋，送內閣儲存。邵晉涵曾擔任日講起居注官，《南江文鈔》存有〈恭進乾隆五十九年起居注摺〉。〔註55〕

四、修編《萬壽盛典》

《萬壽盛典》，一百二十卷。這是紀念乾隆皇帝八十壽辰的專輯，又稱爲《八旬萬壽盛典》。其收錄內容是將有關壽誕的詔諭、慶典、賞賚、皇帝及臣工詞章薈爲一編，邵晉涵也爲纂修官之一，乾隆五十七年（1792）修成。

邵晉涵參與《八旗通志》、《國史》等官方歷史文獻之編纂工作，多散見於錢大昕等人所撰之墓誌銘，然墓誌銘多志官資，卻少載其編纂工作之實際情況，因此無法評述邵晉涵在官方歷史文獻上的貢獻，但是二雲的參與之迹、編纂之功，仍應予以肯定。

明文書局，1985 年），頁 16。
〔註54〕同註3，卷9，頁1～3。
〔註55〕同註3，卷1，頁1～7。

第十章　邵晉涵在文獻學上之貢獻

　　本文從第四章至第九章，探究了邵晉涵在文獻學的各分支學科：注疏學、輯佚學、目錄學、金石學、方志學、編纂學各方面之成就。因此本章承襲前述六門學科之分法，探討邵晉涵在文獻學上之貢獻。

第一節　注疏學之貢獻

　　邵晉涵之注疏著作雖多，卻只有《爾雅正義》流傳下來，然是書對學術之貢獻，已足以令二雲名垂不朽。邵晉涵緣於對邢昺《爾雅疏》闕略、剿襲前說的不滿，[註1] 因此《正義》能自創體例不拘於一限，對後世最大的影響，就在於開創《爾雅》學的研究規模，以啓關後學之功績。全書體制嚴謹，使後學者循其治途而行，能收事半功倍之效。《正義》之規模法度就包含在其著書的六則體例之中。在校補經注訛脫方面，《爾雅》經過歷代的傳刻，經注文字多有訛誤脫落，因此二雲的首要工作是校正《爾雅》的經注文字，以唐代石經與宋代刻本爲主，並利用《釋文》、《太平御覽》、《齊民要術》諸書所引的有關內容，增補經文，審校郭注。後世遂有專以校勘《爾雅》文字之著作出現，如嚴元照《爾雅匡名》以石經、《說文》、《釋文》等校正《爾雅》經注；又有阮元《爾雅注疏校勘記》在石經之外，旁採宋元善本，以勘正《爾雅》經注文字爲務。嚴、阮兩人皆是取法《正義》之先例。在兼采諸家古注方面，二雲以郭璞注爲主要依據，並兼採舍人、劉歆、樊光、李巡、孫炎、沈旋、顧野王、裴瑜等人的注解，與郭注會通辨證，後世遂有專門輯佚舊注的著作，如：余蕭客《古經解鉤沉‧爾雅》、

〔註 1〕 邵晉涵《爾雅正義‧序》（台北：漢京文化事業有限公司印行，1990 年）卷首，「邢氏疏成於宋初，多掇拾《毛詩正義》，掩爲己說。間采《尚書》、《禮記正義》，復多闕略。南宋人已不滿其書，後取列諸經之疏，聊取備數而已。」

臧鏞堂《爾雅漢注》、馬國翰《玉函山房輯佚書‧經編‧爾雅類》。

在考補郭注未詳、博引證明郭注方面，針對郭注未詳、未聞之處，二雲搜羅《齊詩》、《魯詩》、《韓詩》與馬融、鄭康成的《易註》、《書註》加以補釋，其成果比雍正初年姜兆錫的《爾雅補注》更爲詳盡。黃季剛也說《正義》之補郭最爲謹愼，勝於翟晴江之所爲。〔註2〕其證經又能博採周秦經書、諸子以及漢人撰著之書，與郭註相證明，故「於經訓多所發明」，〔註3〕後世的補郭、證經之著作，大抵不出《正義》的範圍。在發明古音古義方面，二雲利用當時開始發展的古音韻學，爲研究《爾雅》開拓了一條新途徑，取聲近之字，旁推交通，申明其說，結合了聲韻與訓詁。後來古音學大盛，郝懿行大量地運用音學知識疏釋《爾雅》，其規模精神實由《正義》開啓之。在辨別生物名實方面，《正義》雖有不陳今名之弊病，然在《正義》之前的周春《爾雅補注》和錢坫《爾雅釋地四篇注》，或辨物不夠周全完備，或侷限於一隅，皆不如《正義》考訂名物制度、生物名實之詳審完贍，後來清儒考釋《爾雅》名物者極多，正是前修未密，後出轉精之義，皆可補充《正義》之所未備。因此黃季剛認爲「清世說《爾雅》者如林，而規模法度，大抵不能出邵氏之外。」〔註4〕除了體例的影響之外，《正義》疏釋《爾雅》的內容亦多爲精闢至當之論，因此郝氏《義疏》席捲《正義》內容十之六、七，〔註5〕是《義疏》之成就得之《正義》者極夥。凡此皆可見《正義》對後世《爾雅》學影響之深遠，已非邢疏、舊注所能比擬的上了。

第二節　輯佚學之貢獻

邵晉涵從《永樂大典》所輯出的佚書，以恢復《舊五代史》大致舊觀之貢獻最大。他參考《冊府元龜》、《五代會要》、《太平御覽》、《續通鑑長編》、《九國志》等書，輯佚成編，使《舊五代史》恢復十之八九的舊觀，歷來對其輯佚之功績，一直有很高的評價；其輯佚方法，也深受讚譽，成爲輯佚學之典範。直至今日，研究五代史者仍是使用邵晉涵之輯本。不過，雖然邵晉涵對五代史的研究有深遠影響，但是《舊五代史》輯本也並不是完美無缺的。二雲從事輯本工作時，《永樂大典》已非完本，因此輯本並不能代表《舊五代史》原本。

〔註2〕黃侃《黃侃論學雜著‧爾雅略說》（台北：台灣中華書局，1969 年 8 月），頁 392～394。

〔註3〕劉錦藻《皇朝續文獻通考》（杭州：浙江古籍出版社，1988 年 11 月）頁 10049。

〔註4〕同註2。。

〔註5〕梁啓超《中國近三百年學術史》（台北：里仁書局，2002 年 8 月），頁 273～274。

雖然輯本有不足處，然而吾人今日仍然要感謝邵晉涵當時把《舊五代史》輯出，以四庫館所輯佚書的品質，《舊五代史》是其中最好的一部，邵晉涵為恢復舊編，的確已經盡了很大的心力，陳尚君雖對輯本多有疵議，也不得不承認「梁啓超就此而稱許該書『功等新編，故最優』，並非過譽。」〔註6〕從另一方面來看，《永樂大典》在清乾隆時雖然還保存了十分之九，但是不到百年，英法聯軍、義和團之亂與八國聯軍，都使《永樂大典》損失慘重。時至今日，《永樂大典》僅存八百多卷，大約是邵晉涵當時所見的百分之四。因此，以今日所餘《永樂大典》，吾人是不可能再輯出一部比邵輯本更多內容的輯本，所以邵輯本保存《舊五代史》原文史料對五代史學貢獻最大。

邵晉涵輯佚的事業，在他身後傳給弟子章宗源。阮元曾經親眼見邵晉涵教其輯佚之道：「昔元二十歲外入京，謁邵二雲先生。先生門徒甚多，各授以業。有會稽章孝廉逢源者，元見先生教以輯古書，開目令輯，至今猶記其目中有《三輔決錄》、《萬畢術》等書。章孝廉力其業，不數季，成書盈尺。」〔註7〕章宗源是乾嘉間的輯佚學大家，其輯佚之業，師承于邵晉涵。從他乾隆五十一年（1786）中舉人到嘉慶五年（1800）逝世為止，十餘年間，將畢生精力都從事在輯佚上，其所輯佚之書有《隋書經籍志考證》、《古史考》、《尸子輯本》、《物理論》、《燕丹子》、張璠《後漢記》、華嶠《後漢書》。

第三節　目錄學之貢獻

邵晉涵對目錄學之貢獻，集中在他所撰的四庫史部提要，二雲所纂提要表現了許多史書編纂原則、史家修史態度，反映出他進步的史學思想。邵晉涵認為史家必須秉筆直書，文字之文質並無傷大雅，但是不能單憑一己之好惡，輕易褒貶史事、人物。又提出史家修史應該發揮社會功能，闡明治亂之原，獎勸立功之臣，表彰社會風教。然而二雲所撰四庫提要，表現出的史學思想、義例、史法，雖多被刪落，仍然彌足珍貴，為史學思想、批評之法式。其四庫提要的目錄學貢獻，在考鏡源流、辨章學術，辨正典籍之書名、篇目，詳考史書流傳之異名，析論史書、史注之得失，考述文獻之存佚情形，評論版本之優劣、真偽，對後人了解史書之流傳、版本、真偽、卷帙之離合，裨益甚大。尤其《四庫全書總目提要》總結我國數千年的目錄經驗，所收錄的書籍浩瀚廣博，因此自從問世以後，便成為目錄家依循的重要分類模

〔註 6〕陳尚君〈清輯舊五代史評議〉《學術月刊》（1999 年第 9 期），頁 104。
〔註 7〕茆泮林《十種古逸書・序》（國家圖書館善本書室藏清道光二十二年刊本），頁 1〜2。

—135—

範。從《總目提要》一部書中，便可盡覽四部要籍之精華思想，《總目提要》遂成為學者鼓勵初學者讀書的入門書籍。

邵晉涵所纂史部提要，雖有部分已被刪改增潤，但是由他所撰擬的提要，大部分還是被保留下來，隨著《總目提要》的通行，邵晉涵的史學目錄觀點，常成為後人評論史書的重要徵引資料。例如《二十五史述要》與《二十六史纂修考略》，多引《總目提要》保留二雲原稿的文字，作為史考、史評的依據。如：《二十五史述要》引《陳書提要》：「察以陳亡，入隋為秘書丞，北絳郡開國公，與同時江總、袁憲諸人，並由陳入隋躋顯秩，而仍列於《陳書》，揆之史例，未免失於限斷矣。」〔註8〕並稱「斯論精當」〔註9〕又如：李光群引《梁書提要》：「排整故事，敘次明晰，議論亦多平允，分卷次第，猶具漢晉以來相傳之史法。異乎取成眾手，編次失倫者矣。」〔註10〕並稱其「於梁書大體之評，持論中肯。」〔註11〕可見二雲之史論觀點，的確影響著後代學者的史學研究。

第四節　金石學之貢獻

邵晉涵在金石學上的貢獻，主要是他編纂了《續通志·金石略》，接續了鄭樵《通志·金石略》，其體例雖多承自鄭《志》，但是鄭《志》體例粗疏之處，二雲則又另有創新。邵晉涵將五代至明末的金石分今有、今無收錄，散佚無可考之金石，又別立一卷，較之鄭《志》體例，更為詳慎。此為邵晉涵創新體例又保存散佚金石之貢獻。

鄭樵〈金石略〉著錄金石，起自上古，迄於隋唐。邵晉涵的續〈金石略〉雖是承續前書之作，但是針對唐代以前，鄭《志》所遺漏部分，盡量搜羅，補充了鄭《志》所未載的金石三百多個。而且宋人因疆域不廣，北方的燕雲十六州，西境的寧夏，南土的雲南、貴州皆未隸屬。宋室南渡，疆域愈蹙，鄭樵生當其時，耳目受限於方域，「三代遺文，與秦、漢、魏、晉、六朝、隋、唐所題刻，散見於燕、晉、齊、魯、秦、隴、河、豫之間者，聞其名而不得摩其迹，即從南北榷場購得拓本，審視摩挲，究莫詳立碑之地。」〔註12〕因此鄭樵雖盡力搜羅，列錄〈金石略〉一卷，卻是張皇補苴，徒形闕陋，而且前後又常常互相牴牾，如「虞世南書既載汝南公主碑，又誤

〔註 8〕邵晉涵《南江文鈔》（上海：上海古籍出版社，1995 年）卷 12，頁 25〈陳書提要〉。
〔註 9〕世界書局編輯部編《二十五史述要》（台北：世界書局，1973 年 5 月），頁 111。
〔註10〕同註8，頁 24〈梁書提要〉。
〔註11〕李光群《二十六史纂修考略》（台北：李光群，2000 年 4 月），頁 201。
〔註12〕曹仁虎等修《續通志·金石略》（杭州：浙江古籍出版社，1988 年）卷首按語，頁 2。

分爲狄道人墓誌；陳諫南海碑既載於唐總目，又復載于善書家之後。」〔註13〕其重沓之病，舛謬之處，不可枚舉。這是因爲鄭樵限於時地，無法見到原碑，因此憑空虛擬，並非他考訂不精。迨清領中原，版圖遼闊，拓本流傳遠邇，許多前人未見之吉金貞石也被發現。朝廷爲了修書，下令全國各省進呈金石拓本，因此邵晉涵得以盡覽最完善的資料，詳加考覈、校勘文字、辨證前人著錄之誤。此爲邵晉涵內容詳贍、考覈精詳、辨證誤載之貢獻。

　　鄭志著錄金石，僅粗具撰人、書人姓名，而於碑碣所在地大多未詳。邵晉涵則根據拓本詳細考證，務求徵信，其論證碑刻之名稱、建立之年月、撰書人姓名，都必定確而有據，才敢下定論。如：

　　　　宋冀州鐘識　　正書
　　　　　　　　　　　永清

　　　按：永清古鐘，朱彝尊《日下舊聞》以爲唐鐘。驗其題識，有朝請郎
　　知冀州勸農兵馬監雲騎尉諸字，乃宋時官制，可見非唐時物矣。今訂正。
〔註14〕
此則在辨證〈宋冀州鐘識〉之建立時代。又如

　　　　地宮舍利函記　　僧善梨撰　僧義中書　正書
　　　　　　　　　　　　大安十年　　京師

　　　按：劉侗《帝京景物略》載此碑爲金刻，考金大安祇四年，而碑作十
　　年，蓋遼道宗時所刻也，今改正。〔註15〕
此則在辨證〈地宮舍利函記〉之建立時間。又如：

　　　　梁崇福侯廟記　　錢鏐撰　　行書
　　　　　　　　　　　　開平二年　紹興

　　　開按：《雲古雜記》稱此碑爲越州神廟碑；《金石文字記》作鎮東軍城
　　隍廟記。今據碑額改正。〔註16〕
此則在辨證〈梁崇福侯廟記〉之正確碑名。

　　此外，邵晉涵如果證據不足，他寧可闕而不論，也不會輕下論斷。如：

　　　　寶慶寺題名　　梁義深書　正書
　　　　　　　　　　　西安

〔註13〕同註12，頁8～9。
〔註14〕同註12，卷170，頁2。
〔註15〕同註12，卷168，頁42。
〔註16〕同註12，卷170，頁17～18。

按：梁義深不見正史，《金石史》疑爲武后長安時人，亦無確據，今從闕疑。〔註17〕

〈寶慶寺題名〉的書者，《金石史》說是武后長安時人。然而邵晉涵認爲梁義深正史無傳，並無確據證明《金石史》之說，因此他疑未敢定，只好從闕。邵晉涵這種考據必求實證的精神，爲後來治金石學者樹立一良好典範，是其對金石學的又一貢獻。

第五節　方志學之貢獻

邵晉涵在方志學上最大的貢獻，是主持編纂了乾隆《杭州府志》。杭州始修志書肇於南宋，當時稱爲臨安府，有周淙的《乾道志》、施愕《淳祐志》、潛說友《咸淳志》，此三志已經殘缺無完本。〔註18〕臨安在元代改爲杭州路，明爲杭州府，明代有徐一夔《洪武志》、和撰人不詳的《永樂志》、《景泰志》、夏時正《成化志》、陳善《萬歷志》。今只有《成化志》、《萬歷志》尚存。〔註19〕清代有馬如龍《康熙志》，邵晉涵《乾隆志》，《康熙志》也已亡佚。由於南宋以來的杭州志書，大多散佚或殘缺不全，因此邵晉涵在纂修《乾隆志》時，徵引許多舊志資料，對保存杭州舊志之史料貢獻很大。二雲又對舊志原文謹慎精審的考證，改正舊志相沿的謬誤。

清光緒以後，杭州歷任知府龔嘉儁、陳文騄、陳璚等，續纂《杭州府志》，其著書體例多沿襲《乾隆志》之舊，如王棻〈凡例〉說：「重修新志，以《乾隆志》爲藍本，而上考《咸淳》《萬歷》諸志，以增益之，今仍其例，而稍訂正焉。」〔註20〕既是以《乾隆志》爲藍本，因此王棻在校定初稿時，多依循《乾隆志》之例，如：卷首先列〈巡幸〉次以〈圖說〉。〈雜記〉、〈前志原委〉之設置，也都是因襲《乾隆志》。〔註21〕

民國初年，吳慶坻等人將光緒時續修之稿本損益增潤，其重修之體例依據，亦

〔註17〕同註12，卷167，頁32。

〔註18〕龔嘉儁修、李榕纂（民國）《杭州府志》（台北：成文出版社有限公司，1974年12月），卷首，頁1〈凡例〉：「杭州有志自南宋始，其時爲臨安府，有《乾道》、《淳祐》、《咸淳》三志，皆殘缺不完。」

〔註19〕同註18，「《洪武》、《永樂》、《景泰》、《成化》、《萬歷》五志。今惟《成化》、《萬歷》二志尚存。」

〔註20〕同註18。

〔註21〕同註18，「《咸淳》、《成化》二志皆有〈紀遺〉，《萬歷》則稱〈雜志〉，《康熙》則稱〈外志〉，至《乾隆志》始名〈雜記〉，而以〈前志原委〉殿於末，今皆仍之，而稍加詳焉。」

繼承《乾隆志》而來。如：光緒時，本來依照《乾道志》、《淳祐志》、《咸淳志》之例，定書名爲《光緒杭州府志》，後來續增記事，以宣統三年爲斷，改用乾隆《杭州府志》例，書名定爲《杭州府志》。光緒二十年（1894）王棻校訂初稿，製定〈凡例〉二十八則，民國五年（1916）重爲審校，因爲已過二十餘年，其書又更衆手作斟酌損益，所以與王棻原定〈凡例〉已有出入，於是作〈重修例言〉，「其大綱悉以乾隆志爲歸。」〔註22〕其卷次、篇章之安排，也大致與《乾隆志》相同，兩書之卷次比較表，已詳於第八章，此不贅述。另外再舉數例承襲《乾隆志》內容、體例之處。如：卷一〈圖說〉，襲用《乾隆志》圖。卷一一五〈封爵志〉下附封廕，多錄《乾隆志》原文，因爲自捐官之例大開，封贈氾濫，書不勝書，此類封贈，實不當取盈志書，所以《乾隆志》以外者，俱不收錄。又依照《乾隆志》例，凡援引載籍，除章奏檔冊之外，當代人之文字，例不采錄。此外，徵引私家著述，各卷中第一次出現時，標明撰書人姓名，再次出現即省略，待考者則從闕。

　　邵晉涵撰《杭州府志》之貢獻，在保存杭州舊志之資料，改正舊志之謬誤。又爲清末、民國續修府志之典範，除了因應時代所創設的新篇外，民國《杭州府志》之體例，大致不出《乾隆志》之範圍。

第六節　編纂學之貢獻

　　邵晉涵參與編纂《四庫全書》、《續通志》、《欽定八旗通志》、《國史》等活動，對於整理中國古代典籍，以及清代歷史，都出力甚多，其編纂文獻之貢獻值得肯定。此外，邵晉涵最終雖然沒有完成撰寫《宋志》的事業，但是他對宋史研究所作出的理論貢獻與實際探索，應該給予相當的評價。二雲強調撰史應先確立著述宗旨，重視史家修史應該別出心裁，使史書具有史義，發揮懲惡揚善、褒貶勸戒之編纂宗旨。二雲通過褒揚宋代士大夫在義利與生死的抉擇間，那種崇高的精神境界，以懲戒宋代理學末流的空疏萎靡學風。這是浙東學者「言性命者必就於史」的優良傳統，也是史學在經世致用的高度體現。

　　二雲從史學編纂思想上，指出《宋史》存在的問題，認爲南、北宋的篇幅比重應該協調，不能因循前人詳北宋、略南宋的陳習。二雲又利用《宋史》紀、傳、志互相考異證誤，以他書和墓誌銘補充、改正《宋史》之失載、誤載。二雲考證所提出的這些問題，今天在宋史研究領域上仍具突出的借鑑作用，現今通行的《新校本

宋史》，在點校過程中，就徵引二雲《南江札記》裡《宋史》的考異成果，如：

1. 〈田錫傳〉：「必先白錫。」

〈校勘記〉：「邵晉涵《南江札記》卷四以爲『錫』字乃『普』字之誤。按《隆平集》卷十三、《東都事略》卷三十九本傳，此語都作『必先白而後敢進』。謂必先白『普』，故『錫』以爲失至公之體。邵說當是。」〔註23〕

2. 〈忠義傳七〉：「林空齋，永福人，失其名。父同。」

〈校勘記〉「按《嘉慶一統志》卷四二六所記福州名宦及邵晉涵《南江札記》卷四林空齋條按語，都以林空齋與林同爲一人。」〔註24〕

二雲的考異成果，成爲後人整理《宋史》引用的參考資料，他的修史認識也對後人有所啓發，乾嘉以後，陸心源撰《宋史翼》，已經不局限在對《宋史》作潤色編改而已，而是採集宋人文集、雜著、年譜、族譜、方志等史料，增補列傳 845 人，以補《宋史》之闕佚，達到前人未有之成效。由此可知，邵晉涵對清代以後宋史研究之影響不僅一端。

〔註23〕 〔元〕脫脫等修《宋史・田錫傳》（新校本）（台北：鼎文書局，1978 年 9 月）卷 293，頁 9804。

〔註24〕 同註 23，卷 452，頁 13313〈忠義傳七〉。

第十一章 結 論

　　邵晉涵是乾嘉時期一位著名的文獻學家，從現存相關的資料來看，他一生著作甚夥，幾乎都在為整理古代之典籍文獻而努力貢獻，屬於注疏學的有《爾雅正義》、《孟子述義》、《穀梁古注》、《儀禮箋》；輯佚學有《舊五代史》、《九國志》等；目錄學作品有四庫史部提要；金石學有《續通志·金石略》、《方輿金石編目》；方志學有《杭州府志》、《餘姚縣志》；編纂學有《南都事略》、《宋志》等。在他逝世後，門人子弟整理遺稿，刊行的有《南江札記》、《南江文鈔》、《南江詩鈔》。由此可見其一生著述之豐富，遍及文獻學各領域。

　　邵晉涵從小天資過人，讀書過三遍，即終身不忘。〔註1〕當時國史館收藏先朝的史冊數千本，總裁問其中某事，就馬上能回答「在某冊第幾頁中」，眾人皆驚訝其能，而以為神人。除了耳濡目染家族書香傳家的良好傳統，祖父的嚴格督促也養成他厚實的學問基礎。尤其家鄉浙東的學風，二雲自幼即「習聞戢山、南雷諸先生緒論」，〔註2〕並深受啟迪，其學以陽明、戢山、南雷三先生為宗，「每語一事，則亟稱三先生不置。蓋其學之所本，又心儀其人，而欲取以為法也。」〔註3〕邵晉涵自從科第中舉，就開始結交許多當代的著名學者，因此乾嘉學術的考據學風對二雲也產生了影響，他的治學精神雖為浙東學術嫡派，但是也沾染了考據的學風。

　　邵晉涵一生或在朝為官，或家居，或為幕賓，都在從事古典文獻的整理，他在文獻學領域所做的工作、成就與貢獻有：

〔註1〕 章學誠《章氏遺書·邵與桐別傳》（台北：漢聲出版社，1973年1月），卷18，頁6：
　　　　「君宿慧英敏，自童子塾時，讀書無難易，三數過即終身不忘。」
〔註2〕 錢大昕《潛研堂文集·日講起居注官翰林院侍講學士邵君墓誌銘》（上海：商務印書
　　　　館，1936年7月），頁678。
〔註3〕 李元度《清朝先正事略》（台北：明文書局，1985年）卷35，頁3。

一、注疏方面

二雲重新疏釋《爾雅》，為《孟子》、《穀梁》、《儀禮》作箋注，著有《爾雅正義》、《孟子述義》、《穀梁正義》、《儀禮箋》，其中只有《爾雅正義》留存後世。此書之作，緣起於對邢昺《爾雅疏》的不滿，因此二雲創立六則注疏體例：校勘經傳文字、間采諸家古注、考補郭注未詳、博引證明郭注、辨別生物名實，又利用聲韻學知識訓釋《爾雅》，開啓清代《爾雅》學以聲韻研究之風。清代以後研究《爾雅》學者，其規模法度鮮有能出其外者，因此邵晉涵啓關後學之功績最大。

二、輯佚方面

邵晉涵在四庫館中有不少輯作，他根據《永樂大典》輯出了《舊五代史》、《洪範口義》、《洪範統一》、《兩朝綱目備要》、《性情集》、《臨安集》、《九國志》、《東南紀聞》。其中以輯出《舊五代史》影響最大，後世研究五代史事者，都必須取以為據，雖有檢討的聲音、重輯之計劃，但是當時若沒有二雲輯佚之功，以今存資料，是不可能再輯出一部比邵輯本更完整的《舊五代史》。邵晉涵輯佚書的貢獻，仍然功不可沒。

三、目錄方面

邵晉涵在目錄學上的貢獻，是參與《四庫全書》的編修，並為《總目提要》的主要撰稿人之一。《四庫全書總目提要》是我國數千年來目錄學的集大成之作，二雲參與編纂的陣容，並撰寫史部多數的正史提要，考察史書之流變、版本、存佚、得失，對後人了解史書之流傳、版本、真偽、卷帙之離合有很大貢獻，為後人史評所取資。

四、金石方面

邵晉涵在三通館編纂《續通志·金石略》四卷，補充鄭志著錄之闕遺，金石考覈精詳謹慎，重視證據，每考一碑，必定按照各省所上原始拓本，若證據不足，寧可疑而不定。此外又保存了散佚難稽之金石碑目，不令其淪亡，實有功於金石學甚大。

五、方志方面

邵晉涵所主修《杭州府志》時，徵引許多舊志資料，對保存杭州舊志之史料貢獻很大。清光緒以後，杭州歷任知府續纂《杭州府志》，其著書體例都以《乾隆志》為藍本。民國續修府志，除了因應時代所創設的新篇外，其體例也是承襲《乾隆志》之舊，可見邵晉涵編纂的《乾隆志》對後代續修者影響之深。

六、編纂方面

邵晉涵參與編纂《四庫全書》、《續通志》，又奉詔編纂官書《八旗通志》、《萬壽盛典》、國史、起居注，在官方歷史的編纂上貢獻卓著。二雲又鑒於元修《宋史》之

史料闕漏、記載誤謬，而且體例粗略、褒貶失當，因此著手重修《宋史》，纂成《南都事略》，《宋志》雖尚未卒業，然其所留下的宋代史料亦足寶貴，為後來研究《宋史》者所取資。

邵晉涵除了前述六項文獻學領域成就卓越外，他的精神人格、講學交友，也影響當代學風及同時代的許多學者，並導正乾嘉學術往實學道路發展。〔註4〕自宋明以來之理學，標榜道德，空談性命，明代中葉以後，王學籠罩全國，學風頹壞，束書不觀。清朝肇興，士人鑑於前明空疏學風之弊，興起一股實學思潮，然而清朝統治者以宋儒之學有助於治國，官方仍然以提倡宋學為主。及四庫館開，邵晉涵、戴震等五徵君，以進士、舉人之姿，特詔以翰林入館。眾所週知四庫館乃提倡實學、考據學之大本營，由此開啓漢學仕途之徑，當時仍講求宋學、空談性命者，遂紛紛棄宋學，趨漢學。再加以當時在館的經學大師戴震，史學大師邵晉涵廣授門徒，二雲之弟子前後著錄者即有數百人，是二雲扭轉當時乾嘉學風趨向實學之證明。

乾隆時期曾向邵晉涵請益、私淑者很多，如汪輝祖自云：「余自友二雲，始得知天下士，羅臺山、魯絜非，其最也。二雲每握手，必以道義相勗，常戒余忼直太過，恐處事易迕，書來亦然，余敬佩不忘。」〔註5〕洪亮吉自稱從認識二雲及學誠「由是識解更進步。始從事諸經正義，及《說文》、《玉篇》，每夕至三鼓方寢。」〔註6〕阮元則「隨侍請問，捧手有所授焉。」〔註7〕邵晉涵中表翁元圻從事《困學紀聞》之箋注，輯閻若璩、何焯、全祖望諸家之說，而益以一己之心得，元圻自謂注此書之動機實受二雲之啓發，其自序云：「元圻幼嗜此書，通籍後，備官禮曹，嘗質疑於中表邵二雲先生。先生教之曰：『閻、何、全之評註，略舉大意，引而不發，子盍詳註之，使覽者不必細閱四庫書，而瞭然於胸中乎？』余對曰：『此非盡讀厚齋所讀之

〔註4〕洪亮吉《詩卷閣文甲集・邵學士家傳》（台北：世界書局，1964年2月），頁167～169：「蓋自元明以來，儒者務為空疎無益之學，六書訓詁，屏斥不談，于是儒術日晦，而游談坌興。雖閒有能讀書，如楊慎，朱謀瑋者，非果于自用，即安于作偽，立論往往不足依據。迨我國家之興，而樸學始輩出，顧處士炎武、閻徵君若璩，首為之倡，然奧窔未盡闢也。乾隆之初，海宇乂平，已百餘年，鴻偉傀特之儒，接踵而見，惠徵君棟、戴編修震，其學識始足方駕古人。及四庫館之開，君與戴君，又首膺其選，由徒步入翰林。于是海內之士知向學者，于惠君，則讀其書；于君與戴君，則親聞其緒論。向之空談性命，及從事帖括者，始駴駴然趨實學矣。夫伏而在下，則雖以惠君之學識，不過門徒數十人止矣；及達而在上，其單詞隻義，即足以歆動一世之士。則今之經學昌明，上之自聖天子啓之，下之即謂出于君與戴君講明切究之力，無不可也。」

〔註5〕汪輝祖《夢痕錄餘》（北京：北京圖書館出版社，1997年），頁5～6。

〔註6〕林逸《清洪北江先生亮吉年譜》（台北：台灣商務印書館，1981年10月），頁21。

〔註7〕阮元〈南江邵氏遺書序〉，《南江文鈔》（上海：上海古籍出版社，1995年）卷首。

書者不能也。以元圻之淺陋，曷足以任此！』先生曰：『子姑詳其所可詳；其未詳者，安知不有好學者更詳之乎！』」〔註8〕是以二雲之品格道德、學問文章爲當代學者所稱譽，逕以爲規模仿效，或從二雲問學、質疑，也都有所心得，並發爲著書，成爲藝林盛事，凡此皆二雲影響當世學人之要。

　　邵晉涵弟子雖多，然而眞正能傳承其學術者，卻寥寥無幾。根據記載有名可考者有孫爾準、戴聯奎、章宗源、章貽選、章廷楓、朱錫庚等人。孫爾準，嘉慶十年進士，官至閩浙總督，著有《泰雲堂集》，與陳壽祺、胡敬相交甚篤，胡敬稱孫爾準能紹繼二雲之事業，「文靖得師經史之學，敷爲章奏；得師文藝，作爲詩歌；得師立品之超，見事之明，以莅官行軍，卓然媲古大臣風烈。是先生之業，文靖爲盡得其傳，先生可以無憾。」〔註9〕戴聯奎爲乾隆四十年進士，少從二雲受經學，以清節自厲，歷任內閣學士、左都御史、禮部尚書、兵部尚書。此外，章宗源傳承二雲輯佚之事業。章貽選爲章學誠之子，章廷楓則學誠族子，朱錫庚是朱筠子，三人並爲二雲之弟子，然皆未見著作，〈南江學案〉僅存其姓名，而無事蹟可稱述。〔註10〕

　　邵晉涵是清代傑出的文獻學家，在他生前擁有顯赫的學術地位。經學的傳注、史學的輯佚、目錄的撰著，皆深受時人的讚譽與推崇。然而因爲他許多學術的著作與計畫未及完成就與世長辭，而且也沒有培養出能繼承發揚其學說的弟子，因此黃雲眉感嘆在二雲歿後不到百年，學術界已經罕聞其聲名。兩百多年後的今日，對於邵晉涵的研究仍然爲數不多，了解其文獻成就、學術思想者，更數寥寥。其身後聲名之寂寥，與其生前被稱爲經史大師、文獻大家之情況，實不可同日而語。筆者學識固陋，難免有疏舛處，但願能爲邵晉涵之研究盡一份心力，使其學術能更加彰顯。

〔註8〕 翁元圻《翁注困學紀聞・自序》（上海：商務印書館，1935年11月），頁17。
〔註9〕 胡敬〈刻南江詩文鈔序〉，《南江文鈔》（上海：上海古籍出版社，1995年）卷首。
〔註10〕 徐世昌《清儒學案小傳》（台北：明文書局，1985年）卷10，頁404。

參考書目

壹、民國以前專著

一、經

1. 爾雅注疏，〔晉〕郭璞注、〔宋〕邢昺疏，台北：藝文印書館，嘉慶 20 年阮元校勘本，1997 年 8 月。
2. 論語注疏，〔魏〕何晏注、〔宋〕邢昺疏，台北：藝文印書館，嘉慶 20 年阮元校勘本，1997 年 8 月。
3. 經典釋文（新校索引本），〔唐〕陸德明，台北：學海出版社，據清通志堂刊本編校，1988 年 6 月。
4. 爾雅正義，〔清〕邵晉涵，台北：漢京文化事業有限公司印行，據清學海堂刊本重編影印，1990 年。
5. 爾雅義疏，〔清〕郝懿行，台北：台灣中華書局，四部備要——經部 20，據家刻足本校刊，1965 年。
6. 六書音均表，〔清〕段玉裁，台北：世界書局，影印本，1962 年 4 月。
7. 小學考，〔清〕謝啟昆，台北：廣文書局，據清光緒 14 年浙江書局刊本影印，1969 年 2 月。

二、史

1. 隋書（新校本），〔唐〕魏徵等修，台北：鼎文書局標點排印本，1975 年 3 月。
2. 舊五代史（新校本），〔宋〕薛居正等修，台北：鼎文書局，1985 年 12 月。
3. 通志，〔宋〕鄭樵，杭州：浙江古籍出版社，據萬有文庫版重印再版，1988 年。
4. 九國志，〔宋〕路振撰〔清〕錢熙祚輯，上海：上海古籍出版社，據清道光 24 年錢氏刻守山閣叢書本影印，1997 年。
5. 宋史（新校本），〔元〕脫脫等修，台北：鼎文書局，1978 年 9 月。
6. 金史（新校本），〔元〕脫脫等修，台北：鼎文書局，1976 年 11 月。

7. 重編明儒學案，〔清〕黃宗羲，台北：正中書局，1979 年 10 月。

8. 重編宋元學案，〔清〕全祖望，台北：正中書局，1968 年 4 月。

9. 武英殿本四庫全書總目提要，〔清〕永瑢等著，台北：臺灣商務印書館，據清乾隆間武英殿刊,嘉慶間後印本影印，1983 年 10 月。

10. 舊五代史考異，〔清〕邵晉涵，上海：上海古籍出版社據北京圖書館藏清面水層軒抄本影印，1995 年。

11. （乾隆）杭州府志，〔清〕鄭澐修、〔清〕邵晉涵纂，上海：上海古籍出版社據清乾隆 49 年刻本影印，1995 年。

12. 續通志，〔清〕曹仁虎等修，杭州：浙江古籍出版社，據 1935～1937 年上海商務印書館萬有文庫本續通志原書影印，1988 年。

13. 于文襄公手札，〔清〕于敏中，台北：文海出版社，據民國 22 年北平圖書館影印手稿本影印，1968 年。

14. 夢痕錄餘，〔清〕汪輝祖，北京：北京圖書館出版社，汪輝祖自述年譜二種之一，1997 年。

15. 續資治通鑑（新校本），〔清〕畢沅等修，台北：世界書局，據清嘉慶 6 年馮集梧補刊本排印，1962 年 10 月。

16. 清朝續文獻通考，〔清〕劉錦藻，杭州：浙江古籍出版社，據 1935～1937 年上海商務印書館萬有文庫本清朝續文獻通考原書影印，1988 年 11 月。

17. 餘姚縣志，〔清〕邵友濂修、孫德祖等纂，台北：成文出版社有限公司，據光緒 25 年刊本影印，1983 年 3 月。

18. （民國）杭州府志，〔清〕龔嘉儁修、〔清〕李榕纂，台北：成文出版社有限公司，據民國 11 年鉛印本影印，1974 年 12 月。

19. 寰宇訪碑錄，〔清〕孫星衍、〔清〕邢澍，上海：商務印書館，1936 年。

20. 漢學師承記，〔清〕江藩撰、周駿富輯，台北：明文書局，清代傳記叢刊——學林類，1985 年。

21. 清儒學案小傳，〔清〕徐世昌，台北：明文書局，清代傳記叢刊——學林類，1985 年。

22. 文獻徵存錄，〔清〕錢林輯、王藻編，台北：明文書局，清代傳記叢刊——學林類，1985 年。

23. 碑傳集，〔清〕錢儀吉纂錄、周駿富輯，台北：明文書局，清代傳記叢刊——綜錄類，1985 年。

24. 續碑傳集，〔清〕繆荃孫纂錄、周駿富輯，台北：明文書局，清代傳記叢刊——綜錄類，1985 年。

25. 清朝先正事略，〔清〕李元度，台北：明文書局，清代傳記叢刊——綜錄類。據上海文瑞樓發行鴻章書局石印本影印，1985 年。

26. 國朝耆獻類徵初編，〔清〕李桓輯、周駿富輯，台北：明文書局，清代傳記叢

刊——綜錄類，1985 年。

三、子

1. 玉海，〔宋〕王應麟，台北：大化書局，合璧本，1977 年 12 月。
2. 南江札記，〔清〕邵晉涵，台北：大華印書館，據本館收藏清嘉慶 8 年邵氏面水層軒刊本影印，1968 年。
3. 十駕齋養新餘錄，〔清〕錢大昕，台北：新興書局，筆記小說大觀第 39 編，與十駕齋養新錄合刊，1985 年。
4. 翁注困學紀聞，〔清〕翁元圻，上海：商務印書館，1935 年 11 月。

四、集

1. 南雷文定，〔清〕黃宗羲，台北：台灣商務印書館，1970 年 4 月。
2. 鮚埼亭集，〔清〕全祖望，台北：台灣商務印書館，1968 年 12 月。
3. 思復堂文集，〔清〕邵廷采，台北：華世出版社，影印本，1977 年 5 月。
4. 石園文集，〔清〕萬斯同，台北：新文豐出版公司，據四明叢書本排印，1989
5. 潛研堂文集，〔清〕錢大昕 ，上海：商務印書館 ，1936 年 7 月。
6. 南江文鈔，〔清〕邵晉涵，上海：上海古籍出版社，據南京圖書館藏清道光 12 年胡敬刻本影印，1995 年。
7. 南江詩鈔，〔清〕邵晉涵，上海：上海古籍出版社據南京圖書館藏清道光 12 年胡敬刻本影印，1995 年。
8. 章氏遺書，〔清〕章學誠，台北：漢聲出版社，1973 年 1 月。
9. 嘅蔗全集，〔清〕張義年，中研院傅斯年圖書館藏清光緒十九年刊本，1893 年。
10. 抱經堂文集，〔清〕盧文弨，上海：上海古籍出版社，據清乾隆 60 年刻本影印，1995 年。
11. 知足齋文集，〔清〕朱珪，上海：上海古籍出版社，據上海辭書出版社圖書館藏清嘉慶 9 年阮元刻增修本影印，1995 年。
12. 尊聞居士集，〔清〕羅有高，上海：上海古籍出版社，據上海圖書館藏清光緒 7 年刻本影印，1995 年。
13. 詩卷閣文甲集，〔清〕洪亮吉，台北：世界書局，1964 年 2 月。
14. 施卷閣詩，〔清〕洪亮吉，台北：台灣商務印書館，1979 年。
15. 蒲褐山房詩話，〔清〕王昶，台北：廣文書局，承國立中央圖書館惠借珍藏善本書影印，1973 年 9 月。
16. 芳茂山人詩錄，〔清〕孫星衍，台北：台灣商務印書館，1965 年。
17. 揅經室二集，〔清〕阮元，上海：商務印書館，1936 年。
18. 東溟外集，〔清〕姚瑩，中研院傅斯年圖書館藏清同治六年姚濬昌安福縣署刊本，1867 年。

19. 越縵堂日記，〔清〕李慈銘，台北：文光圖書公司，影印本，1963 年。

20. 李審言文集，〔清〕李詳著、李稚甫編校，南京：江蘇古籍出版社，1989 年 6 月。

21. 復堂日記，〔清〕譚獻，台北：新文豐出版公司，據半厂叢書排印，1989 年。

22. 十種古逸書，〔清〕茆泮林，國家圖書館善本書室藏清道光二十二年刊本，1842 年。

貳、民國以後專著

1. 四庫全書纂修考，郭伯恭，北平：商務印書館，1937 年。

2. 中國訓詁學史，胡樸安，台北：台灣商務印書館，1966 年 11 月。

3. 黃侃論學雜著，黃侃，台北：台灣中華書局，1969 年 8 月。

4. 中國史學史，金毓黻，台北：漢聲出版社，1972 年 10 月。

5. 二十五史述要，世界書局編輯部編（原作者與書名為──徐浩：《廿五史論綱》），台北：世界書局，1973 年 5 月。

6. 清洪北江先生亮吉年譜，林逸，台北：台灣商務印書館，1981 年 10 月。

7. 清邵二雲先生晉涵年譜，黃雲眉，台北：台灣商務印書館，1982 年 5 月。

8. 史籍舉要，柴德賡，北京：北京出版社，1982 年 9 月。

9. 中國目錄學，李曰剛，台北：明文書局，1983 年 8 月。

10. 訓詁學概論，齊佩瑢，台北：華正書局，1983 年 8 月。

11. 中國文獻學，張舜徽，台北：木鐸出版社，1983 年 9 月。

12. 中國史學家傳，張舜徽，遼寧：遼寧人民出版社，1984 年。

13. 中國史學家評傳，南炳文、陳清泉，河南：中洲古籍出版社，1985 年 3 月。

14. 訓詁學大綱，胡楚生，台北：蘭台書局有限公司，1985 年 9 月。

15. 永樂大典及其輯佚書研究，顧力仁，台北：文史哲出版社，1985 年 9 月。

16. 訓詁學初稿，周大璞，武昌：武漢大學出版社，1988 年 6 月。

17. 古代學者百人傳，梅季，廣州：廣州文化出版社，1989 年 5 月。

18. 爾雅導讀，顧廷龍、王世偉，成都：巴蜀書社，1990 年 1 月。

19. 四庫全書纂修之研究，吳哲夫，台北：國立故宮博物院，1990 年 6 月。

20. 明末清初學術思想研究，何冠彪，台北：台灣學生書局，1991 年 2 月。

21. 清儒學記，張舜徽，濟南：齊魯書社，1991 年 11 月。

22. 文獻學講義，王欣夫，台北：台灣商務印書館，1992 年 1 月。

23. 浙東學派研究，丁國順、王鳳賢，浙江：浙江人民出版社，1993 年 3 月。

24. 清史史料學，馮爾康，台北：台灣商務印書館，1993 年 11 月。

25. 浙東學術史，管敏義，上海：華東師範大學出版社，1993 年 12 月。

26. 陳援菴先生全集，陳垣，台北：新文豐出版公司，1993 年。

27. 中國史學名著評介，倉修良主編，台北：里仁書局，1994 年 4 月。

28. 中國語言學史，濮之珍，台北：書林出版有限公司，1994 年 8

29. 中國實學思想史，葛榮晉，北京：首都師範大學出版社，1994 年 9 月。

30. 訓詁學概要，林尹，台北：正中書局，1994 年 11 月。

31. 中國古代史學人物，何茲全、趙儷生，台北：萬卷樓，1994 年。

32. 浙東文化論叢，董貽安，北京：中央編譯出版社，1995 年 3 月。

33. 中國學術名著提要，周谷城主編，台北：黎明文化事業股份有限公司，1995 年 8 月。

34. 文獻學，洪湛侯，台北：藝文印書館，1996 年 3 月。

35. 群經要義，陳克明，北京：東方出版社，1996 年 12 月。

36. 爾雅詁林，朱祖延主編，武漢：湖北教育出版社，1996 年。

37. 中國語言哲學史，吳禮權，台北：台灣商務印書館，1997 年 1 月。

38. 爾雅漫談，馬重奇，台北：頂淵文化事業有限公司，1997 年 8 月。

39. 經學入門，莊雅州，台北：台灣書店，1997 年 9 月。

40. 中國歷史文獻學，楊燕起、高國抗，北京：北京圖書館出版社，1997 年 12 月。

41. 纂修四庫全書檔案，中國第一歷史檔案館編，上海：古籍出版社出版，1997 年。

42. 姚江文化史，季學原，寧波：寧波出版社，1998 年 4 月。

43. 紀昀與乾嘉學術，張維屏，台北：台大出版委員會出版、台大文學院發行，1998 年 6 月。

44. 中國古籍輯佚學論稿，曹書杰，長春：東北師範大學出版社，1998 年 9 月。

45. 中國歷史文獻學，王繼光、謝玉杰，北京：民族出版社，1999 年 9 月。

46. 學人游幕與清代學術，尚小明，北京：社會科學文獻出版社，1999 年 10 月。

47. 二十六史纂修考略，李光群，台北：李光群，2000 年 4 月。

48. 史家‧史籍‧史學，倉修良，濟南：山東教育出版社，2000 年。

49. 清代人物傳稿上編第 10 卷，張捷夫，北京：中華書局，2001 年。

50. 清代學術論叢，國立中山大學清代學術研究中心編，台北：文津出版社，2001 年。

51. 中國近三百年學術史，梁啓超，台北：里仁書局，2002 年 8 月。

一、學位論文

1. 清代爾雅學，盧國屏，國立政治大學中文研究所碩士論文，1987 年。

2. 論邵念魯在清代學術史上之地位，吳季霏，東海大學中國文學研究所碩士論文，1987 年 6 月。

3. 經史與經世──清代浙東學者的學術思想，鄭吉熊，台灣大學中國文學研究所碩

士論文，1990 年 5 月。

4. 惠棟、戴震與乾嘉學術研究，黃順益，國立中山大學中國文學系博士論文，1998年。

二、期　刊

1. 王石臞刪訂爾雅義疏聲韻謬誤述補，蕭璋，浙江學報第 2 卷第 1 期，1948 年 3月。

2. 章實齋清代學者的譏評，羅炳綿，新亞學報第 8 卷第 1 期，1967 年。

3. 爾雅正義與爾雅義疏之比較研究，雲維莉，南洋大學中國語文學報第 2 期，1969年。

4. 李南澗之藏書及其他，王獻唐，山東省立圖書館季刊，1970 年 3 月。

5. 邵晉涵與歷史文獻的整理及研究，楊緒敏，徐州師範學院學報，1986 年第 2 期。

6. 論清代浙東學派的治學特徵，徐吉軍，史學史研究，1987 年第 3 期。

7. 四庫全書與清代輯佚，王世學，中國圖書館學報，1993 年第 3 期。

8. 邵晉涵之史學，杜維運，國立政治大學歷史學報，1994 年第 11 期。

9. 邵晉涵與《南江札記》，張濤，浙江學刊，1995 年第 3 期。

10. 秉公筆、存直道、史以紀實——淺論邵晉涵的史學思想，朱依群，寧波大學學報第 9 卷第 4 期，1996 年 12 月。

11. 論清代浙東學派的歷史地位，孫善根，浙江學刊，1996 年第 2 期。

12. 邵晉涵史學批評述論，羅炳良，北方工業大學學報，1997 年 2 月。

13. 邵晉涵在歷史編纂學理論上的貢獻，羅炳良，史學史研究，1997 年第 2 期。

14. 邵晉涵學術述論，羅炳良、朱鐘頤，湖南教育學院學報，1998 年 2 月。

15. 清代的家學與經學，陳居淵，漢學研究第 16 卷第 2 期，1998 年 12 月。

16. 清輯舊五代史評議，陳尚君，學術月刊，1999 年第 9 期。

17. 邵晉涵對宋史研究的重要貢獻，羅炳良，求是學刊，1999 年第 1 期。

18. 清代浙東學術概況，諸煥燦，寧波教育學院學報 1 卷 1 期，1999 年 9 月。

19. 舊五代史輯本之檢討與重新整理之構想，陳智超，史學史研究，1999 年第 4 期。

20. 邵晉涵與宋史研究，張秀平、羅炳良，文史哲，1999 年第 2 期。

21. 初探邵晉涵編修《宋史》的宗旨，朱依群，寧波大學學報 13 卷 1 期，2000 年 3月。